すべての
保険営業
パーソンに
捧ぐ！

リスク管理の視点で進める法人開拓

細矢　進　著
(財)日本生産性本部認定経営コンサルタント

近代セールス社

はじめに

現在、筆者はメガバンクや地方銀行、信用金庫、生・損保会社、証券会社等の金融機関や一般事業会社で「営業力強化」や「財務分析」等の研修講師をさせていただいています。独立・起業の際は、銀行勤務の経験を活かし、財務知識や財務分析の教育が目的だったのですが、独立間もなく日本最大手の生命保険会社で財務研修の仕事を受託しました。

その研修は、財務知識の付与を目的としたものでしたが、銀行の営業経験から経営者目線の財務的な要素や、財務知識の現場活用を織り交ぜたものにしました。同時に、銀行員時代の本業だった法人営業における話題展開ノウハウなどの営業要素を取り入れた実践的な研修を行ったところ、受講生の共感を得て、経営者と話ができる関係構築を目指した金融営業力強化についての研修リクエストを、数多くいただくようになりました。

その後、研修の受託を重ねるとともに、中小企業経営者としても経験を重ねてきました。事務所を構えて地元の信用金庫や国民金融公庫（現：日本政策金融公庫）から事業資金を借り、従業員を複数抱えるなど、会社らしい体制を少しずつ確立してきました。また、実際に資金繰りに悩むような事態にも陥り、経営者としての苦労や悩み苦しみを味わう過程で、初めて本当の意味での経営者目線というものも体感しました。

この経験こそが、金融営業のあるべき姿を考えさせられる契機となり、いかに自分が銀行員時代に身勝手な営業をしていたか反省させられました。そして、元銀行員と現経営者としての目線、両面で知り得たことを伝えていかなければならない、そしてこの経験は、金融営業において絶対必要な要素でもあると確信するに至ったのです。

おかげで、様々な銀行や保険会社から研修講師としてのオファーをいただくことになりました。少しでも金融営業担当者のお役に立てるならこれ以上の喜びはないですし、同時に経営者の本音を伝えることで、取引先である経営者に「良い担当者に出会えた」と思ってもらえる機会を増やせるなら、二重の喜びでもあります。

本書は、具体的な保険商品につなげるスキル習得ではなく、お客様との関係構築と経営者目線に即し、財務的な視点あるいは業種別の商流的な視点からリスク喚起を促せる営業力、経営者のリスク対応における参謀的立場になれるためのスキルの習得を目的とします。「あなたに会えてよかった！」と言ってもらえる出会いのお手伝いができれば幸いです。

2018年3月

細矢　進

もくじ

はじめに

第2章　保険営業に求められる財務諸表の知識

第3章　事業承継対策と保険の活用

第4章　業種別・商流の特徴と経営者の関心事

第1章　営業の心構えと経営者の理解

1．金融営業に必要な心構え

(1) 面談の初期段階こそが勝負

保険や銀行・証券等金融営業で最も難しいのは、お客様の関心を自分に向けさせる面談初期段階の対応力です。

日頃から経営者は、様々な銀行や保険・証券会社の営業担当者の訪問を受けているので、社名を聞いた途端に身構えて「いろいろ付き合っていて余裕ないからいいよ」などとまともに取り合わないことが通常です。

これでは、商品提示やプラン設計の話をする状況には程遠く、まさに営業担当者が苦しんでいる、具体的な話ができない入口のコミュニケーションや初期段階の関係構築のできていない状況そのものです。

(2) 経営者との取引には覚悟が必要

では、なぜ金融機関との取引に慎重になるのでしょうか。経営者の立場で言わせてもらえば、新たな銀行に預金する、またはお金を借りる行為は、現在の取引金融機関との関係もあり、右から左に了解できる話ではないからです。ましてや新規の保険契約などは簡単に応じられることではありません。なぜなら、保険料を払うことは、収益を減らし資金繰りを悪化させることにもなるからです。軽々しく承諾できることではないのです。

我々オーナー経営者は自ら会社と自身を守るしかありません。上場企業の経営者は、イザとなれば責任を取って辞任すれば済みますが、オーナー経営者は銀行からの借入れに連帯保証をしていますから、最終的には個人的な資産も提供することになるのです。

また、従業員についても、簡単にリストラなどできない責任を負っていることが普通です。同時に経営者の家族の問題もあります。家族を路頭に迷わせるわけにもいかない、さらなる責任を背負っていると考えているのが、まともな経営者です。つまり、金融機関との取引には相応の「覚悟」が必要だということです。

したがって、それなりの覚悟が必要な契約を実現するには、金融機関の営業も相応の覚悟を持って臨まなければならないのです。

(3) 関心事の押し売りをしてはいけない

保険の営業担当者が、帝国データバンクの資料などを事前に確認して訪問する場合、どんな情報に目を付けるかというと、「社長の生年月日」「従業員の人数」「取引金融機関」などが多いようです。

そして面談時に「社長様は確か昭和○○年のお生まれとお聞きしていますが、退職金のご準備とかは万全でございますか？」「御社は確か従業員様が約30名とお聞きしていますが、皆様の福利厚生や退職金の準備はどのようにされていらっしゃいますか？」といった質問をします。

また、銀行や証券会社であれば「取引金融機関」を確認して「御社のメインバンクは○○銀行さんとお聞きしていますが、やはり個人の運用も同行でされているのですか？」などの定番的な質問が多いのではないでしょうか。

これらの質問は、金融機関の営業担当者としての関心事に過ぎないのです。つまり、関心事の押し売り営業と言うべきスタイルなのです。しかし、残念ながら企業経営者で常日頃から従業員の福利厚生を心配している社長はいませんし、自分の退職金の心配ばかりしている社長もいません。

(4) 経営者に経営や商売を教えてもらう

また、最近は訪問時に「ビジネスマッチング」「事業承継対策」「M&A」などの言葉を並べる営業担当者が多いようです。しかし、本当にお客様の仕事や経営を理解して声をかけているのか疑問です。ソリューション的な格好の良い言葉を発することで、経営者の関心を引き出せると勘違いしているのではと思われる節があります。いったい会社の何が分かっているのか、事業を承継することがどれくらい大変なのか、とても理解しているとは思えません。

当然ですが、ビジネスマッチングといっても単に販売先や仕入先を拡大すれば良いという話ではありません。「どの商材を、どこのマーケットに、どんな方法で、どのような客先に提供することがベストか」あるいは「現在の生産体制の、どの工程や設備・外注を、どのようにすることで、生産性や品質・付加価値が向上するのか」などについて検討が必要ですが、これらは簡単に把握できないことばかりです。

保険会社や銀行など金融機関の担当者は、意外なくらい「実業」が分かっていません。有名な企業であれば表面的なことは調べれば分かりますが、「ヒト・モノ・カネ」の現場を見る機会は少なく、見ても本当の意味で現場を理解することは簡単ではありません。つまり経営や商売のことは、教えてもらうしかないのです。

まして事業承継などは悩ましい問題であって、自社株対策が優先課題ではありません。金融機関の担当者は、事業承継対策はお金の問題が最大のテーマのように話を展開しますが、経営者にとってはいくつもあるテーマの一つであって、それ以上に悩ましい経営上の問題は多々あるのです。そして、そのことを理解し掌握することは容易ではありません。当然ですが、これらのことは経営者に教えていただくしかないということを、まず心しなければなりません。

2. 経営者の関心事は何か

(1) オーナー経営者の悩みや関心事

次に、経営者が日頃悩んでいることや考えていること、つまり関心事とは何なのかを考えてみましょう。

前述しましたが、常に従業員の福利厚生を考えている社長や、保険の見直しを考えている社長は皆無なのが現実です。ましてや、いつもお金を借りたいと悩んでいるような社長は、健全な経営でない可能性が高いし保険料の捻出さえ難しいのではないでしょうか。つまり、金融機関の営業担当者が提供する情報が、経営者にとって優先される関心事ということは、まずないと理解すべきです。

では、悩みであり、苦労であり、望みとはどんなことでしょうか。何よりも経営者にとっては、目の前の仕事である「自身の事業」が最大の関心事なのです。具体的には、どうしたら商売がうまくいくか、どうしたらお金の心配をしないで済むか…つまり「明日の商売と明日の資金繰り」「収益の改善とキャッシュフローの改善」こそが、常日頃から頭を悩ませていることなのです。

収益とキャッシュフローというとお金の問題のため、お金こそ関心事のように捉えがちですが、先にも述べたように、仕事の流れや人との関係など、定性的な問題である「商流」にこそポイントがあるのです。現在進行形の仕事の進捗具合や、今日明日からの仕事の流れや、取引先や外注先に気を遣わなければならない事案などが頭の中を駆け巡っていて、その延長線上にお金の問題が付いてくるのです。

(2) 想いに寄り添うコミュニケーション

経営者の関心事に応えられるように、悩みや想いや望みに解決策を次々と提案をしていくことは大変重要です。しかし、そう簡単に対応できるものでないことは、経営者本人が一番分かっています。何十年と商売で苦労をしてきており、誰よりも仕事については詳しいのです。そんな経営者にどんな立派な解決策を示しても「しょせんお前に何が分かる！」

と一蹴されるのがオチです。

したがって、経営者の話を聴くと同時に様々なことを教えてもらわなければ、経営者の想いの入り口にも達することができません。経営者の関心事は自社の経営にありと説明しましたが、自社のことや業界事情には当然詳しいですし、常に気にかけていますから、予想外に饒舌に話してくれたりするのです。

日頃口数の少ない社長でも、自身の問題や自社に関することについては、話をしてくれるものです。というのも、経営者は日頃話し相手が少なく孤独だからです。

(3) 経営者の悩みと営業パーソンの存在価値

経営者は誰かに経営の悩みを相談したり、費用を払って経営コンサルタントに経営指導を受けていたりします。しかし、そこまで余裕がなかったり、腹を割って話せる相手がいないケースもよくあります。また「同業者仲間」に相談しているということも聞きますが、同業者同士は腹の探り合いになり本音は言いにくいですし、ましては自分の弱いところなどさらけ出せないのが現実です。

また、顧問の先生や担当税理士に相談することもありますが、経理・税務の知識は豊富なため、税務処理などの指導は受けられるものの、経営の経験がないと「無責任なことは言えない」という防衛本能から、慎重で経営の話までは踏み込んでこないのが現実です。同時に中小企業は人材が潤沢でないため、何から何まで社長が「一人で考え、一人で悩み、一人で判断している」ことがほとんどです。

経営者は、業務をスムーズに推進させることや攻めの戦略戦術などについては、綿密に検討したり考えたりしていますが、こと後ろ向きのことや備えについては、モヤモヤとした心配事として潜在化しています。考えなければいけないと分かっていても、目の前の仕事に追われていて、忘れているもしくは放置しているのです。そして、何かあった後で後悔したり自分を責めたりするのが経営者なのです。

だからこそ、経営者が考えたくないことに対して意見が言える人材が傍に必要なのです。しかしそんな人材はなかなかいません。そこに、リスクマネジメントのプロとしての保険営業パーソンの存在価値があります。

(4) 相手の話を一所懸命に聴く姿勢が大切

どんな世界の営業でも、お客様のニーズに対応できてこそ取引は成立します。また、必死なお願いの勢いに押されたり、営業マンの情熱に打たれて取引に至る場合もあります。ただしそのケースでも、お客様側にわずかながらでもニーズがあるのが一般的です。「無理な営業」にはやはり無理があるのです。

望んでもいない取引をしても、取引に違和感やしこりが残ります。しかも、担当が変わった途端に見直されたり、取引解消に至ることもあります。特に金融取引はお金の問題ですから、懇願されたからといって乗れる話ではありません。

したがって、セールス優先の態度はムダなのです。その前にしっかりと社長に教えを請う姿勢で話を聴いて、経営者の「ニーズ」を掌握することです。そのうえで、具体的に動いて役に立ってあげることが先だということです。

先述のように、「ビジネスマッチング」「事業承継対策」「M&A」というテーマなら、経営者の関心が高いだろうとの思い込みから、訪問する営業担当者が多いですが、そんな簡単な話ではありません。業界の特徴や仕組み、対象企業の商流もよく分かっていない人に言われても説得力がないうえ、耳触りのいい言葉の押し売りにすぎません。ましてや事業承継対策などは、何十年として築き上げてきた商流や会社の信用をつないでいくことです。

企業は100社100様で、それぞれ特有の関心事やニーズを抱えていますから、自分の関心事の押し売りはせず、相手の話を一所懸命聴くことが肝心であると、再度確認をしてください。

3. 経営者のリスク感性とリスクマネジメント

(1) 経営者目線のリスクとは

経営者は企業を経営している以上、様々なリスクを抱えています。そして一口にリスクといっても、リスクは数限りなく存在しています。例えば、取引先の信用リスクや業界・マーケットの動向リスク、製造業であれば生産設備の不具合や作業事故等のリスク、流通であれば商品の毀損や欠品のリスク、建設業であれば材料調達や施工ミスにより工期が遅れるリスク、また経営者や従業員の病気やケガで就労できなくなるリスク等々、リスクはあらゆるところに存在しています。

大きな枠組みで考えると、経営上のリスクとしては、仕事がうまく回らなくなる場合の「商流的なリスク」、そして結果としての「金銭的なリスク」に大別されます（図表1）。

商流的なリスクには、さらに経営に関係するモノの動きや情報の動きから発生する数限りないリスクが想定されます。特に商売の基本であるモノの流れに関係するリスクは、何よりも経営者には関心が高い事柄です。普段社長というのは、取引先とトラブルが生じて

図表1：商流リスク・金銭リスク

いないか、自社の評判に影響することが起きていないか、そもそもお客様に満足してもらっているかなど、取引先からの評価や反応に一喜一憂しています。

仕事の受注状況や消化具合、そして納期や顧客の声を常に気にしては、忙しく頭をめぐらせながら、経営の難しさや苦労を実感しているのです。

同時に、商流には常に人が関わってきますから、モノの流れとリンクして心配しています。そして当然ですが、それぞれのリスクの結果として金銭的な問題が重くのしかかってきます。現実的な問題ですが、この信用問題と比べると後から出てくる問題になります。というのも「お金の問題は、駆けずり回れば何とかなるが、取引先の信用は一度失うと取り戻せない」ということを実感しているからです。

(2) 銀行員目線のリスクとは

銀行員のリスクに対する感性は、経営者とは視点が異なっています。銀行員は「お客様のリスクにはあまり関心がなく、自分自身や銀行のリスクには極めて敏感」と言えます。そもそも銀行員は、融資の際に重視するのが「保全」だからです。

常に返済が滞った場合のリスクを想定して、土地や有価証券などの「担保」を取り受けたり、代表者に「連帯保証」を求めて取引をします。中小企業であれば、「信用保証協会」の保証を得たうえで実行するのが一般的です。手形の割引でも優良な「銘柄」にこだわります。

このように、融資取引では保全ありきという慣習が身についているため、銀行や自身に対するリスクを敏感に感じ取り、イザのときの損失額を計算する癖がついているのです。したがって、取引先に何かあった場合にこうむる損害についても、その結果として自行にもたらされる損失の影響に関心が向いています。

(3) 経営者だけが背負っているリスク

このように、銀行員は自行と自身へのリスクがどれくらいで、取引先の経営が破綻した場合にどれだけ損失を負うのか、また、コンプライアンスや風評被害などの影響を気にするのです。同時にそのような事態になったときに、自分自身の評価や出世にどんな影響があるのか、こういう計算や感性には抜群に鋭いアンテナを持っているのです。

一方の経営者は、銀行取引では代表者個人が連帯保証をしているのが一般的です。そして融資の内容によっては担保も提供しています。特に中小企業については、先述した信用保証協会の保証を得たうえでの借入れが圧倒的です。

この信用保証協会の保証付きの融資は、融資先から回収できなくなっても、銀行は債務者の代わりに保証協会から弁済を受けられる仕組みです。銀行にとって保全を固めやすい方式でBIS基準にも貢献するため、最優先で利用されます。これらの融資は一般保証であれば、銀行は融資額の場合で2割、震災等の特別保証はリスクがゼロとなっています。代位弁済されると連帯保証している経営者に「督促」や「差押通知」などが送られ、経営者は責任を負い続けることになります。

つまり、「保証されているのは銀行であって会社や経営者ではない」のです。

(4) 経営者の心配事は商流にある

「社長にもしも何かあったら、お金心配ですよね」と保険会社の担当者はよく言います。

確かに様々なリスクが現実化すると、必ずお金の問題がつきまといます。しかし、金銭上の問題以上に経営者が心配するのは「信用問題と事業継続上の問題」です。

中小企業は、経営者を中心とした特定重要人物の働きで事業が左右されます。特に社長の顔でもっている中小企業の場合、社長に何かあって就業できなくなれば死活問題になります。また、大きな事故やトラブルで重要な取引先との信頼関係が壊れるようなことになれば、事業自体がたち行かなくなってしまいます。このように経営に決定的に影響を及ぼすのは、事業の継続性で最も大切な「商流」に問題が発生することです。したがって、経営者がまず考えることは、取引先との関係と商流への影響についてなのです。

金融の営業では、先にお金の話を持ち出すとお客様は必ず警戒します。銀行の営業なら金利の高低等の条件の話になりますし、保険の営業でも、お客様は保険料の負担だけを感じ取り、防衛の姿勢で終始するでしょう。したがって、自分の関心事ではなくお客様の関心事に軸足を置かなければなりません。

(5) 経営者にリスク喚起を促す営業力とは

では、どのようにすればお客様から「案件」を引き出せることができるのでしょうか。どんな営業であっても最も大事なことは、どれだけお客様と、キチンと向き合って真面目に真剣に話ができるかです。特に保険や銀行等の営業は、「命の次に大事」なお金の話をするのです。そのため、お客様にも相当覚悟がいるのです。

真面目に真剣に一所懸命、正面を向いて話をする必要があります。そこで、案件を引き出すには2つの条件があります。

1つ目は、「具体的に質問する準備」をしておくことです。

具体的に質問をしないと、必ず逃げられたり誤魔化されたり、はぐらかされたりします。営業担当の話が漠然曖昧としているケースほど、お客様にとって逃げやすいことはありません。漠然曖昧たる質問には、漠然曖昧たる返事を繰り返せばいいわけです。終始「上っ面な話」になってしますので注意が必要です。

そこで、先ほどの「真面目に真剣に一所懸命、具体的に質問をする」ことです。実はこの行為はお客様に「遊びで来ているのではないのですから、ちゃんと話をしましょう！」という意思表示になるのです。具体的に話を聴ければ「モノ・ヒト・カネ」の流れである商流がはっきりしてきます。具体的な話をすれば、経営上のニーズや案件につながらないはずがないのです。

2つ目は、お客様との関係で「追い込まれることなく、逃げ道を作りながら話をする」ことです。

その方法は、「教えを請うように話を聴く」ことです。金融機関の担当者は「金融機関」というブランドがあるので面談で「恥」はかけないと考えます。そこで往々にして「格好つけたり、知ったふり」をするのです。ところが、お客様は「期待値」を上げられて、話をしてみたら「期待ほどではないな」と感じるので、期待値の倍以上「落胆」します。格好だけつけても、その商売で長年苦労してきた経営者にかなうわけがないのです。

(6) 担当者に求められる参謀的な感性

また、保険の営業をしている、特に損害保険に携わっている担当者は、経営者にとって絶対必要な参謀的な感性を持っています。

損害保険の営業をしている人は、「空を見ても、豚を見ても、マラソン大会を見ても、何を見ても保険に見える」のです。つまり、どんなことからでもリスクを感じ取る臭覚を持っています。この感性を持つ営業は、銀行員ではあり得ない、経営者にとって貴重な存在でもあるのです。

ただし、日頃経営者からは煩がられたり、疎まれたりするかもしれません。「うるさいな、そこまで心配をしていたら仕事なんかやってられないよ」などの言葉を投げつけられる可能性は大です。でも、本音では「痛いところを突いてくるな、分かってはいるんだが…」

と思っていたりするのです。

保険の仕事は何かが起きて初めてありがたみを感じられる、そして後で感謝される仕事である以上、致し方ないと言わざるを得ません。しかし、再度言いますが、経営者にとっては絶対必要な独自の感性を持っているのですから、自信を持って経営者と向き合っていくべきなのです。

4. 経営者のリスクマネジメントと保険

(1) 保険の必要がない経営者はいない

「わが社のリスクマネジメントは万全だ!」こんなことが言える経営者が世の中に存在するでしょうか。優良企業と言われたシートベルト製造メーカーでも、あっという間に倒産同然の状態になってしまうのが経営なのです。ましてや中小企業では、十分な内部留保もなく体力の弱い企業が多いため、小さな事故一つでも経営に甚大な影響を与えるものなのです。

だからこそ、保険は嫌いなどと言っている場合ではないのです。責任ある経営を続けていくのであれば、当然最善の備えを考えることは、経営者としての責務でもあるのです。

(2) 保険の必要性とリスクへの恐怖感とは

経営者は、夜なかなか寝付けないときなど、心配事などのネガティブな事柄で頭が一杯になります。「もしも俺に何かあって寝たきりになったら、あの支払いができなくなる、社員に手当も払えない、家族も困るな…」これまた具体的で鮮明な情景が浮かんできます。

やがて明日保険を少し見直して、備えをしないといけないな…」と心を決めて就寝しますが、翌朝になると「あの仕事、あの仕事…」と、すっかり夕べの心配事は吹っ飛んでいるのです。

このように、会社で借金して、従業員を抱えて、家族抱えている経営者は、様々な場面でリスクに対する恐怖感や保険の必要性を感じています。しかし、それを上回る「明日の商売と明日の資金繰り」で頭が一杯のため、考える余裕がないのが現実なのです。

そこで、あるときに出会った保険会社の担当者が「この人話せるな」と感じたら、不思議と過去の恐怖の体験が甦ってきて「この人だったら、少し相談してみようかな…」となるもので、筆者が現在お付き合いをしている保険会社の担当者は、まさにそんな人だったのです。

(3) オーナーは会社の財務を考えている

経営者のなかでもオーナー経営者は、会社も家庭も常に同じ土俵でものを考えています。例えば、先ほどの例で「もしも俺に何かあったら、会社は潰れるな」と考えるように、個人の生活が会社の経営と直結しているのです。ましてや、会社に何かあったら経営者個人のお金を突っ込むことは当然です。個人のお金も会社のお金も区別なく考えているからです。

具体的には、経営者が就業できなくなったときの退職後の生活について、会社の内部留保やキャッシュをにらみ、会社から受け取れるお金がどのくらい見込めるかを考えます。内部留潤沢で余裕があるなら、当然個人で余計な保障はいらないと考えます。内部留保が少なく会社のお金はあてにできないなら、個人として家族のことを考えた最低限の備えをしておこうと考えます。

そして、法人よりも個人で契約する方が都合がいいなら、役員報酬を調整して保険料を都合することもあります。また、個人の所得税について法人で処理した方が得策だと判断したら、役員報酬を減らして調整することもあります。

このように、オーナー経営者は、個人のお金を考える場合でも、法人の資金繰りや利益と税金、そして内部留保とキャッシュを考えて判断をします。ですから、オーナー経営者と話をするときは、会社の財務状況を含めて検討する必要があるのです。

(4) オーナーは個人のライフプランを考えている

先に、オーナー経営者は、個人の保険契約をするときでも、会社のお金を頭に入れていると説明しました。したがって、当然法人の契約でも個人の生活を考えながら検討しています。

サラリーマンと異なりオーナー経営者は、「先はどうなるか分からない」という「覚悟」がありますから、個人の生活をにらみながら、会社としてできる限りのことをしておこうと、役員報酬などや所得分散・退職準備なども考えているのです。

また、この場合、単なる退職金や弔慰金だけではありません。例えば業務上の事故などで賠償等の支払いが発生する場合、会社の内部留保ではカバーできないと思ったら、個人としてどこまで対応できるのかも考えるものです。

したがって、会社の保険契約で物損や賠償への保障を考える場合でも、どのくらい個人に影響を与えるのかを考えざるを得ません。そのため、個人のライフプランをヒアリングできる営業力が必要になってきます。

(5) 経営者目線のお金に対する考え方を知る

経営者のお金に対する考え方は、経営上の重要な要素です。経営者の中には「儲けるために商売をしているんだ」と割り切っている人もいます。一方、事業を発展させて社会の役に立つことが面白く、ロマンと名声を得ることを夢見て「お金は二の次」と考える経営者もいます。どちらにしても、お金は生きていく以上なくてはならない重要な要素であることには違いありません。

また、経営を続けていると資金繰りに苦しんだり助けられたり、取引先が倒産して売掛金が回収できなかったり、想定外にお金が増えたりなど、お金を通じた様々なドラマを体験して「お金の魅力と怖さ」を知っているのが、本当に経験豊かな経営者です。経営者にとってお金は、事業を継続発展させるための血液のようなものであり、目線は、お金ではなく事業だというのが常識ある経営者の姿です。

(6) お金の心配は最後であり結果である

前述したように、お金のとらえ方は事業の流れから発生するもので、常日頃から経営者の視点は「商流」にありと考えるべきです。

銀行等の金融機関のアプローチは、「社長様に何かあったら、お金大変ですよね」などのフレーズでリスク喚起を促すのですが、経営者は心のなかで「お金より大変なことがあるんだよ、何も分かっちゃいない」と思っているので、単なる押し売りとしか感じないのが実際のところです。

事故が起きたり、生産設備に損害が発生したときに大変なのは、お金だけではないのです。製造業であれば納期に間に合わず取引先の信用を失うことの方が、事業を継続するという観点からは、より大きな問題なのです。その結果としてお金の問題にもつながってきます。

(7) 経営者が考えるリスクヘッジの優先順位

企業経営者は、目の前の現在進行中の仕事がうまくいくか、今のままで今期・来期が食えるのか、会社経営に関連する景気や取引先の変化が自社に与えるリスクの影響に、多くの関心が向いています。

したがって、リスクヘッジを考える場合も、ある程度先読みして現状見えている、確度が高いリスクを感じ取って、度合いに応じた対策を打つのです。

その場合、ある程度リスクが確認できると、避けるか、資金的に余裕があるならリスクを許容するなどの判断が働くと考えられます。

だからこそ、リスクヘッジの優先順位は経営状況によって変わってきますが、前提として、経営継続に与える影響度合いに応じて、同時にその確率がどのくらいかによって、具体的な対応が異なるのです。

(8) 経営者の本音に応えるリスクマネジメント

リスクマネジメントを生業としている保険業界の担当者は、特殊な感性を持っていると申し上げました。ある意味「御意見番的な位置づけ」になり得るのです。そして経営者は「日常の業務をこなすなかで、リスクに対する恐怖感や問題意識を感じ取り、リスクマネジメントの必要性は潜在的に感じ取っている」とも申し上げました。

したがって、本来は検討と同時に準備すべきことであり、経営者の責任でもあるのです。だからこそ、リスクマネジメントのプロとして、堂々と向き合って、あるべき姿に導くお手伝いをすることは、使命でもあると考えるべきです。

「保険が嫌いだとか言っている場合じゃないでしょ、社長!」

第2章　保険営業に求められる財務諸表の知識

1．財務諸表から考えるリスクの理論値

(1) 財務諸表と企業リスクの関係

企業の財務諸表の主なものには貸借対照表（B／S）と損益計算書（P／L）キャッシュフロー計算書（C／F）があります。このうち、今回は「貸借対照表」と「損益計算書」を中心に企業リスクを考えていきます。

貸借対照表は、決算日時点の企業の財政状態を表します。**図表2**を見てください。構造は左側に「資産」の項目、右側に「負債・純資産」の項目が表示されています。そしてこの基本構造は、現在所有している左側の資産がどんな背景からでき上がったのかを、右側の「負債」と「純資産」で示しています。右側の負債と純資産をお金の出どころ「調達」、左側の資産のことをお金の行先「運用」と呼びます。

つまり、所有資産とその出どころを確認すれば、企業の現在、過去と体力も見えてくるのです。ある意味で、総資産が物権的・債権的なリスクマネジメントのボリューム感とも言えるのです。したがって、貸借対照表こそが、企業の全体像を把握するうえでもリスク

認識をするうえでも、視覚的に確認できる最も重要な書類と考えます。

次に図表3を見てください。資産と負債には「流動資産・固定資産」「流動負債・固定負債」に区分けされています。流動と固定の意味は「ワン・イヤー・ルール」と言って1年以内に現金化される可能性があるものを「流動資産」と言い、その代表的なものに現金・預金や売掛金や受取手形、商・製品の在庫、短期で運用している有価証券などです。

かたや1年以内に現金を支払うべきものが「流動負債」と言い、その代表的なものに支払手形や買掛金、1年以内に返済する短期借入金、未払いの法人税などです。

逆に、簡単にお金にできないものを「固定資産」と言い、その代表的なものに、建物や機械などの設備や土地などの「有形固定資産」や営業権やのれん代・ソフトウェアなどの「無形固定資産」、投資有価証券や関係会社株式・敷金保証金・保険積立金などの「投資その他資産」で構成されています。

1年以上の期間で支払っていくものを「固定負債」と言い、その代表的なものに、長期借入金や社債、退職給付引当金などがあります。純資産には、資本金と過去からの利益の積上げを示す「利益剰余金」などがあります。

したがって、流動資産と流動負債には、手元キャッシュの動きと商売上のツケや在庫の記載があるので、売上の動向や短期の資金繰りの状況が推察できます。同時に、資金的な

図表２：財務諸表の基本構造・その１

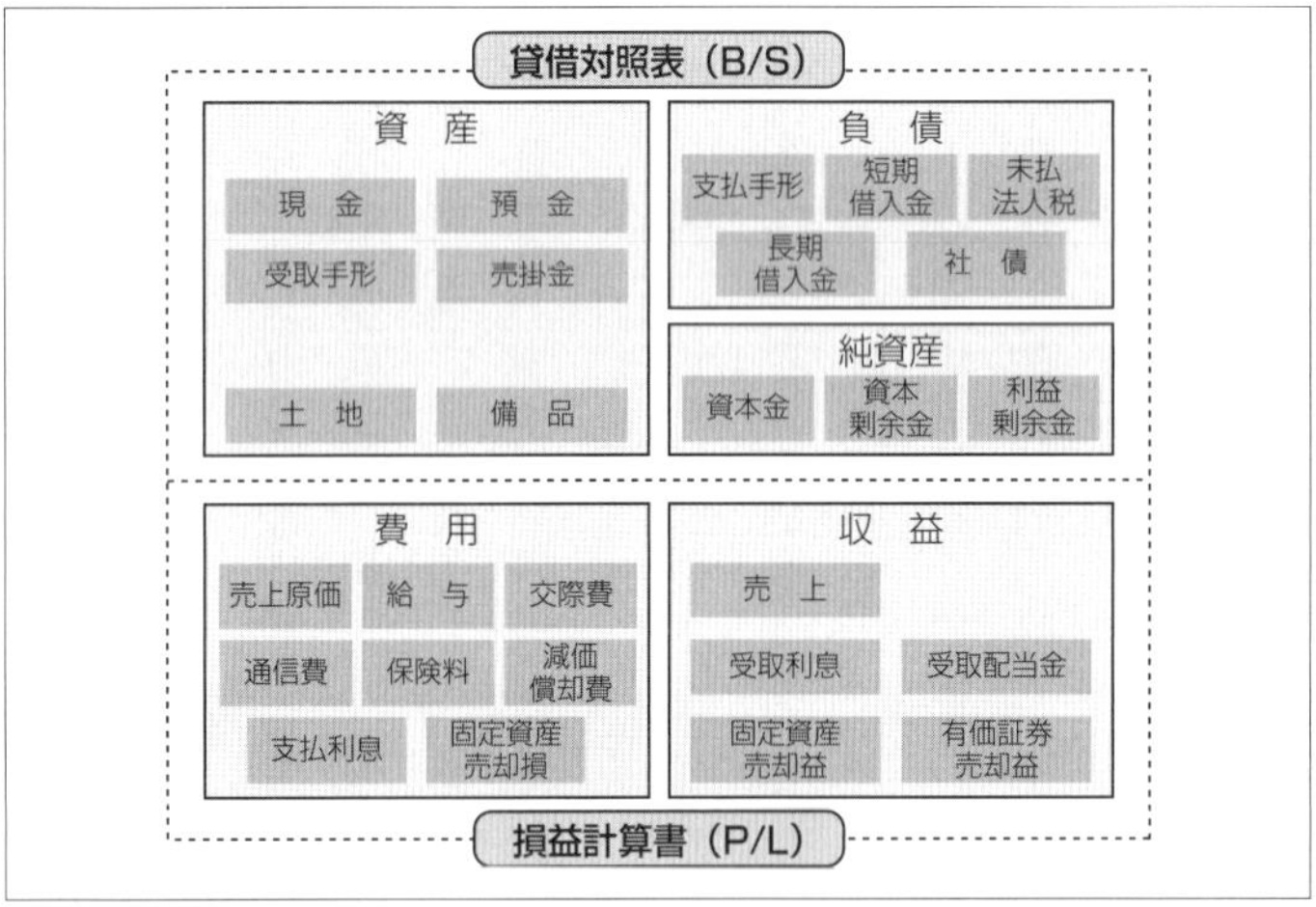

図表３：財務諸表の基本構造・その２

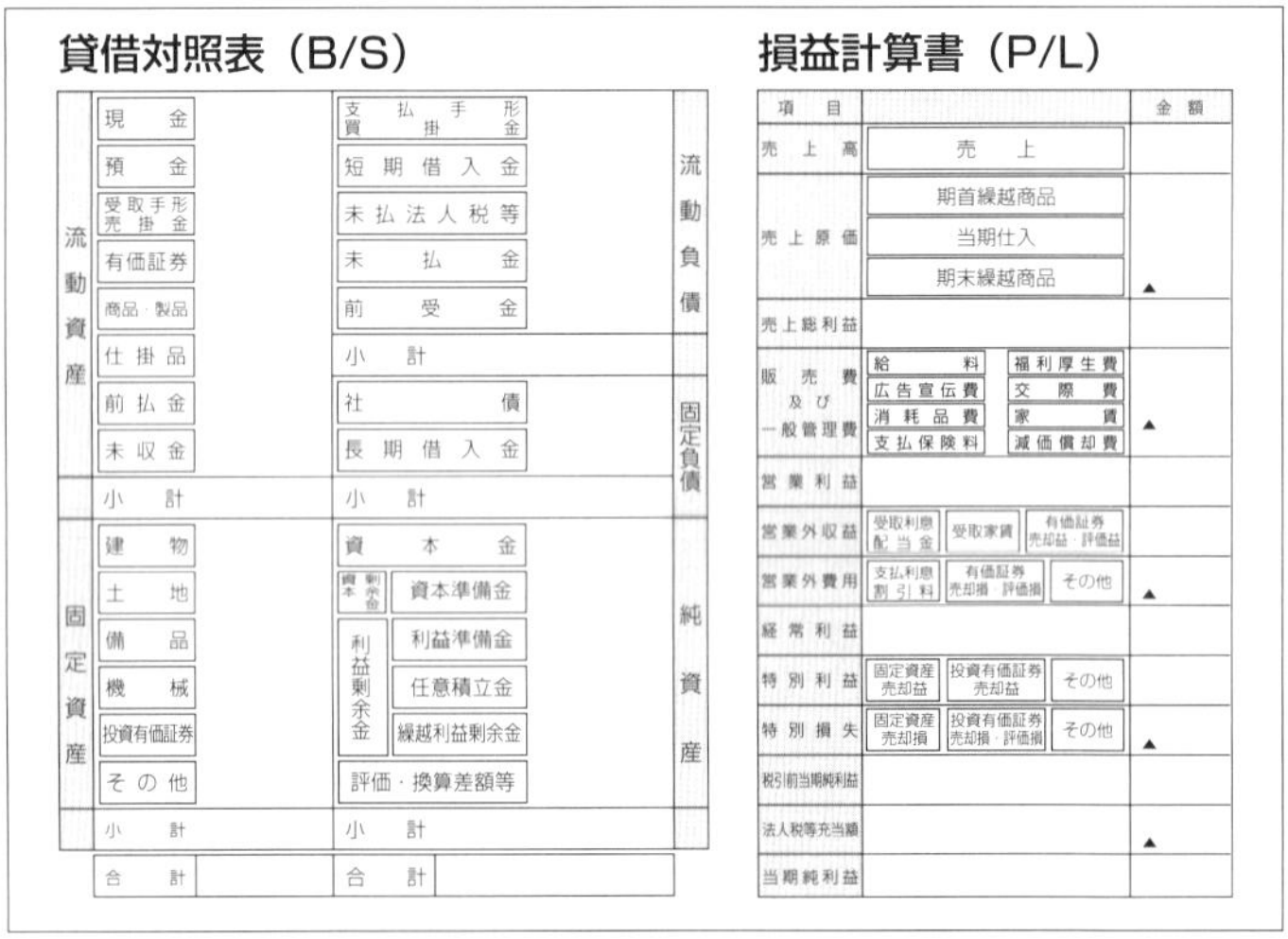

リスクと取引先の信用に関する債権リスク、在庫商品・製品の動産に関する毀損や価値下落リスクが存在しています。

また固定資産と固定負債には、動産・不動産に対する毀損や価値下落リスクがあり、借入金に対する返済履行リスクや退職金の支払いリスクが存在します。

一方、損益計算書は1年間の売上から原価・諸経費を差し引いて黒字か赤字かなど、企業の経営成績を表す資料です。

図表2の損益計算書（P／L）で示した「収益」と「費用」の関係です。収益に対してどれだけの費用が発生したかで、「黒字」と「赤字」の営業成績が分かります。

さらに**図表3**を見てください。収益項目から費用を差し引くにあたり、順番に利益の状況を確認していきます。

構造的には「利益5段階」と言って、売上から材料・外注費等の「売上原価」を差し引いた第1段階の利益を「売上総利益」別称「粗利益（通称は粗利）」と言います。

給料や交通費・家賃等の諸経費等「販売費、一般管理費」を差し引いた第2段階の利益を「営業利益」と言います。預金の利息や所有株式の配当金、本業以外の家賃収入や為替差益、1年以内で運用している有価証券の売却益等「営業外収益」を足して、借入金の支払利息や為替差損・短期運用の有価証券の売却損・評価損等「営業外費用」を差し引いた

図表4：貸借対照表（B/S）の想定リスク

運　用

流動資産
- キャッシュ・資金繰りリスク
- 売掛債権回収リスク
- 棚卸資産毀損リスク
- 貸付金等の回収リスク

固定資産
- 動産（機械設備等）毀損リスク
- 不動産（建物）毀損リスク
- 不動産（土地）値下がりリスク
- 投資（有価証券等）価値下落リスク

調　達

流動負債
- 借入金の調達・返済リスク
- 資金調達リスク
- 仕入先・外注先の調達リスク
- 社会保険・税金等の支払リスク

固定負債
- 借入金の調達・返済リスク
- 退職金（退職給付）の支払リスク

純資産
- 事業承継（自社株等）リスク

簿外債務

簿外債務
- リース債務の償還リスク
- 保証債務の履行リスク
- 労災・事故などの補償債務リスク
- 業務上・製品上の補償・賠償リスク
- 経営者自身の退任後リスク

図表5：損益計算書（P/L）の想定リスク

費　用

売上原価
- 原材料・外注費高騰・調達リスク
- 生産停滞・事故発生リスク
- 生産現場労働者の離職リスク

売上総利益（粗利益）

販売費・一般管理費
- 固定費（人件費・諸経費）高騰リスク
- 生産停滞・事故発生リスク
- 生産現場労働者の離職リスク
- 退職金支払いリスク

営業利益

営業外費用
- 借入金利高騰リスク
- 為替変動リスク

経常利益

特別損失
- リストラ・資産毀損リスク
- 経営者退職金・事業承継リスク

税引前当期純利益

法人税
- 納税リスク

当期純利益

収　益

売上高
- 売上低下・景気悪化リスク
- 取引先信用リスク

営業外収益
- 所有資産運用益低下（家賃等）リスク

特別利益
- 所有資産運用益低下（投資等）リスク

ものを「経常利益」と言います。

所有していた不動産や投資有価証券を売却した場合の売却益や、受取保険金等の「特別利益」を足して、不動産、投資有価証券の売却損や、リストラに伴う特別退職金や役員退職金等「特別損失」を差し引いた第4段階の利益を「税引前当期利益」と言います。さらに、法人税を差し引いた第5段階の利益は「当期純利益」となります。

以上、利益5段階で構成されています。損益計算書では、どのくらいの規模で商売をしているか、儲ける力がどのくらいあるか、同時にどのくらい経費がかかる体制で事業をしているかが推察できます。

したがって、損益計算書からは売上の下落リスクや材料等の値上がりや生産トラブルなどによる原価高騰リスクが考えられます。また、事業の体制維持のための固定費を賄うべきリスクが存在しています。

図表4・5を見てください。これまで説明してきた財務諸表から想定される各種リスクをまとめています。財務諸表から強味や課題、問題点を視覚的にとらえる目のつけどころを確認してください。

法人やオーナーを担当する以上、リスクマネジメントのプロとして財務諸表にも精通する必要があります。

図表6：ストック防衛力・フロー防衛力

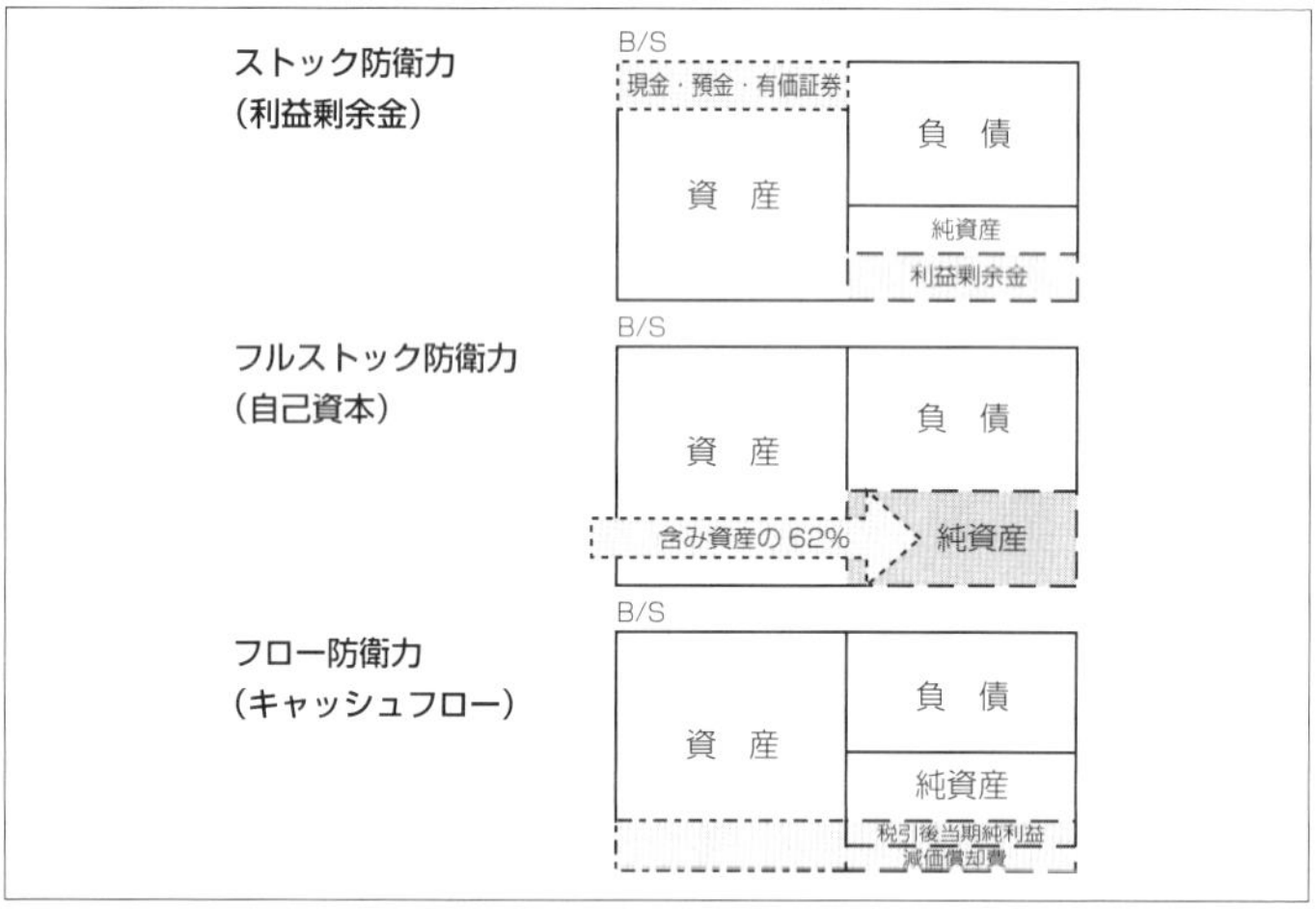

(2)ストック防衛力とフロー防衛力

ここで、財務諸表における企業としてのリスク対応力の理論値を確認しておきます。基本的には、会社として積み上げてきた体力と年間で稼げる力で捉えるのが一般的です。これを仮に「ストック防衛力」と「フロー防衛力」と呼びます（図表6）。

まず、ストック防衛力ですが、貸借対照表の純資産にある「利益剰余金」になります。利益剰余金は企業が積み上げてきた儲けです。一般的には「内部留保」と言います。利益剰余金の範囲にリスクを抑え込むということは、仮に損失が発生しても、利益剰余金の範囲であれば過去の儲けの範ちゅうでリスクを吸収できるということです。

利益剰余金を超えるリスクが発生すると、資本金という出資のお金に手を出すことになりますから、許容リスクを考えた場合、利益剰余金の範囲にリスクを抑え込むことが第1の理論値と言えます。企業の安全性を確認する「ストックの力」とも言えます。

さらに、資本金を含めた純資産までのリスク対応力のことを「フルストック防衛力」と考えてみます。純資産を超えるリスクを負うということは、負債が資産を上回る「債務超過」の危険性があるということで、絶対に負ってはいけないリスクの理論値です。したがって、このリスクには優先的に対応を考える必要があります。

ただし、所有している土地や投資有価証券が簿価よりも現在価値が高く含みがある場合は、含み金額の63%くらいは純資産に加えて、フルストックと認識してもよいでしょう。これは自社株評価における「純資産価額方式」を参考に考えていますが、売却した場合の税金を差し引いて残った売却益を利益剰余金に加える考え方です。これは企業の清算価値でもあります。

次に「フロー防衛力」ですが、年間で稼げる力をベースに考えていますが、貸借対照表で考えると利益剰余金の年間積上げ額です。さらに言えば、実質的な利益でもある減価償却費の年間実施額を加えた考え方をすることができますから、減価償却資産の売却や除去がない場合は減価償却累計額の増加分が該当することになります。つまり、損益計算書の「当期純利益＋減価償却費」こそが、税金の支払いも考慮すると会社に1年間で残せるお金になります。

これを一般的に「年間キャッシュフロー」とも言います。この金額にリスクを抑えるということは、1年間で稼ぎ残せるキャッシュの範囲に留まるということになります。これを「キャッシュを残せる力」とも言えます。

ただし、損失を年間の儲ける力で吸収するという考え方をすれば「営業利益」もしくは「経常利益」の範囲でリスクを吸収するということは、1年間で稼げる力でリスクをカバーでき収支トントンという考え方もあります。この目線を「フローの力」とも言えます。

経営的な目線でリスクを考えると、理想的なリスクの負い方は、フロー防衛力である年間キャッシュフロー（当期利益＋減価償却費）の範囲でしょう。もしくはフローの力である「営業利益・経常利益」の範囲を目安とすることが望ましいでしょう。

もし懸念されたリスクが現実化して損失を被ったとします。その損失が1年間で回収なり吸収できるのなら経営者としての負担感は多少軽いものになります。しかし、回収に何年間もかかるような額になってくると、内部留保も少なく体力の弱い中小企業などには重すぎると考えられます。

したがって、理想的なリスク吸収期間は1年と考えるべきです。当然、今まで説明してきた防衛力を超えるリスクが想定される場合は、保障等でヘッジすることが望まれます。

(3) 借入対策としての保険の活用

保険会社の担当者が、この企業にはどんなリスクがありどんな保障が必要かとの答えとして、「借入対策」を真っ先に挙げることがあります。確かに社長に何かあったら、借入金を返済できなくなってしまう可能性は高くなります。ましてや経営者が連帯保証をしていますから、会社に問題が発生すれば経営者個人に返済義務が生じます。場合によっては資産が差し押えされ競売されてしまうなどの事態もあり得るわけです。

したがって、連帯保証をしている以上、会社の借金といっても個人の借入れと変わらないため、個人の借入れと同様のリスク認識を持つ必要があり、団体信用生命保険（以下、団信）などに加入すべきです。

ところが、経営者目線からすると「連帯保証しているからといって、なぜ保険に加入する必要があるんだ。保険なんかいくら入っても足りないだろう」という借金もあります。逆に「保険に入らなくてどうするんだ。赤字どころか収支トントンでも返せなくなるだろう」という借金もあるのです。

図表７：資金三種

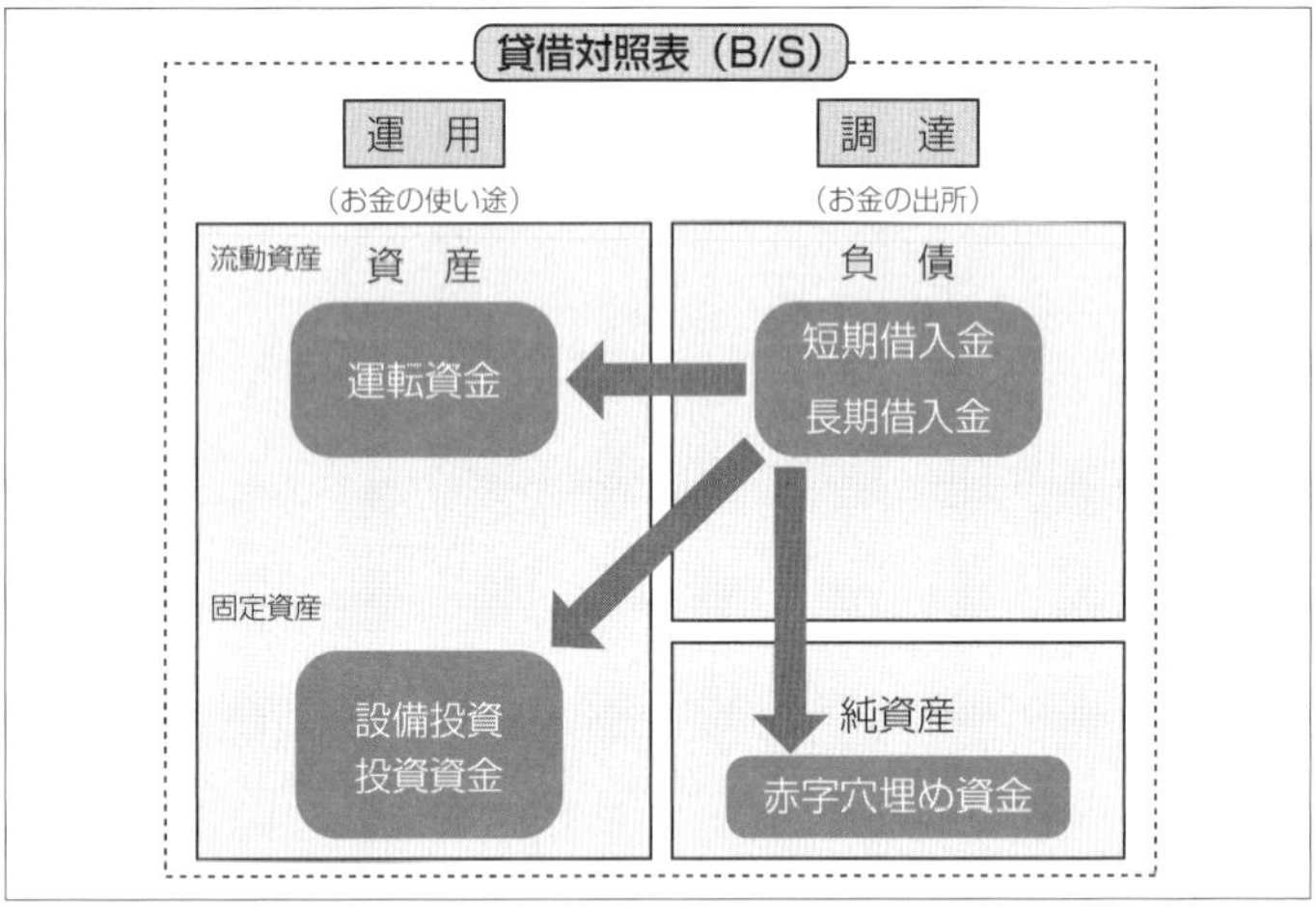

図表８：運転資金借入金と設備投資借入金の違い

<運転資金借入金>

・確実にお金になれば問題はない

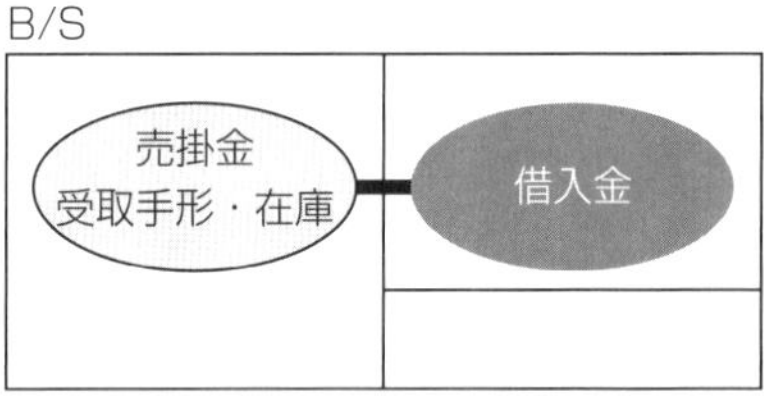

<設備投資借入金>

・設備投資した機械などは売るわけにはいかない
・商売で新しく稼いだお金でしか返済できない

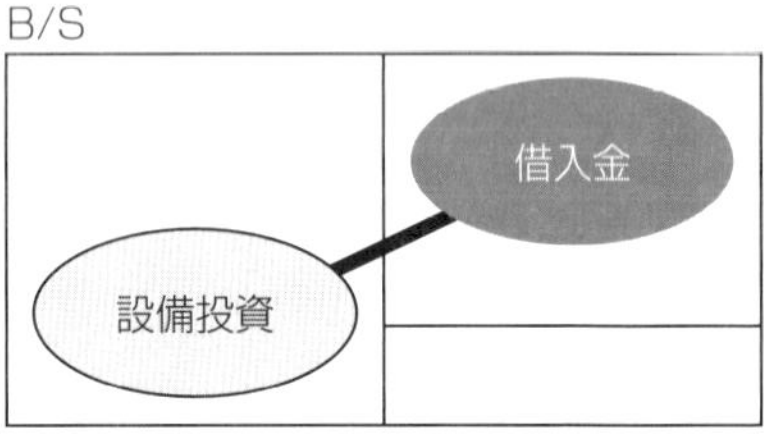

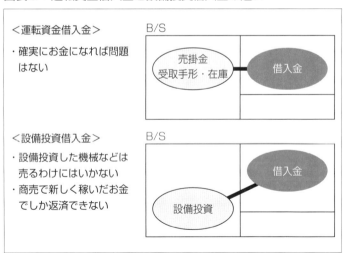

だからこそ、違いをしっかり理解したうえで経営者と話をする必要があります。中小企業の経営者には、自身がその違いやリスクを明確に認識していないケースや、リスク自体理解していないこともあるため、その点を明確に指摘する必要があるのです。

そもそも企業が必要になる資金には「運転資金」と「設備投資資金」、さらに「赤字資金」を含めた3種類があります（図表7）。

①保険が必要のない借入金─運転資金

保険が必要のない借金とは「運転資金の借入金」です。運転資金とは、一般的には事業を行ううえで必要となる資金のことですが、厳密には商売上に発生するツケである「受取手形・売掛金」と在庫である「商品・製品・仕掛品・原材料貯蔵品」が現金・預金に換金されるまでに必要になってくるお金のことで、ツケのことを「売上債権」在庫のことを「棚卸資産」とも言います。逆に、仕入先や外注先に対するツケが「支払手形・買掛金」で、これを「買入債務」とも言います。

また売上債権は、お金をもらわずに商・製品を渡すので「貸しているお金」、棚卸資産はお金がモノに代わってあるわけですから「寝ているお金」とも言えます。これに対して買入債務は、お金を払わずに品物を受け取るので「借りてきているお金」とも言えます。

図表９：運転資金のロジック

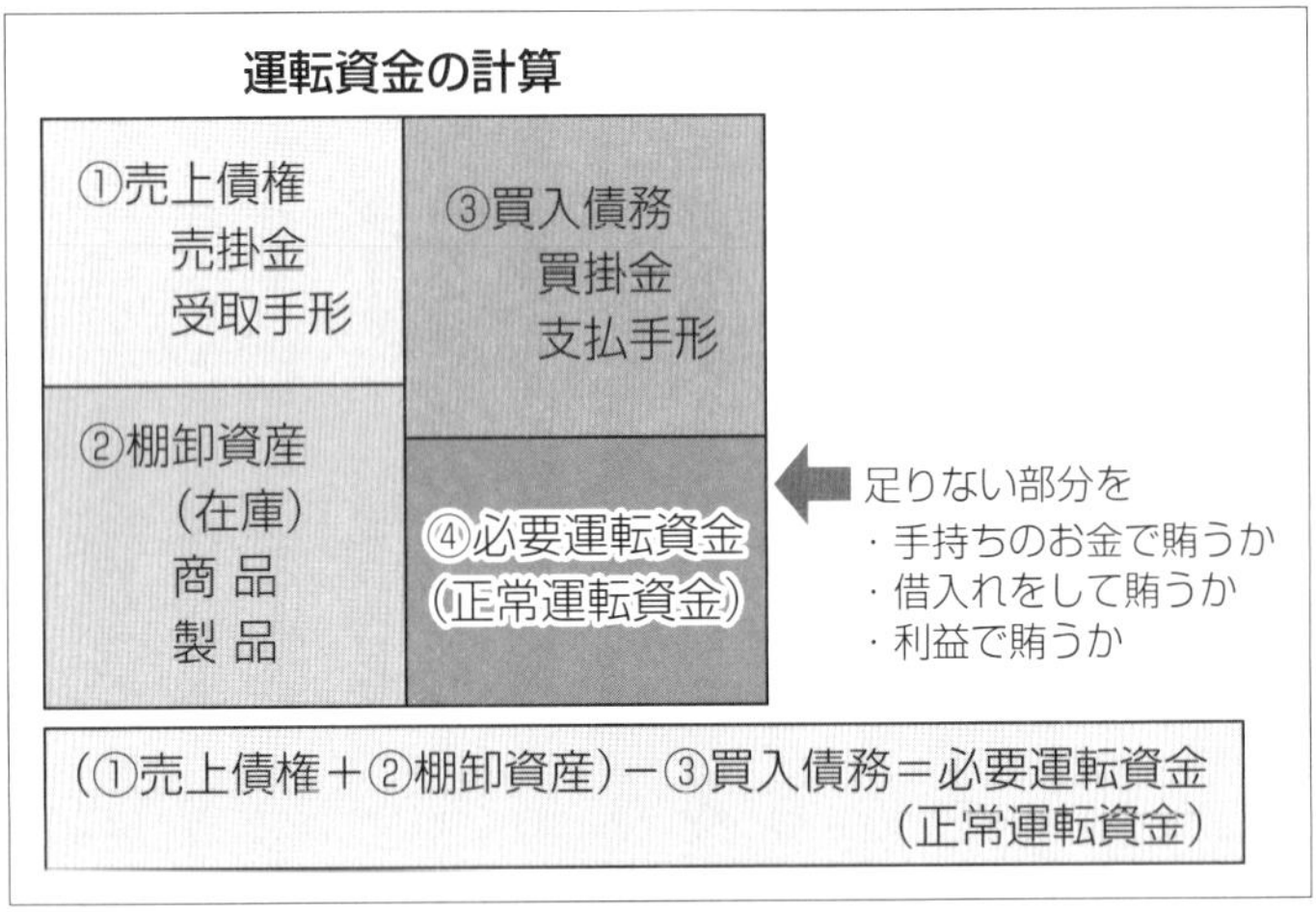

実はこの理屈こそ運転資金のロジックになるのです。

これを「正常運転資金」「必要運転資金」と呼びます。正式な計算式は次の通りです。

「売上債権（貸しているお金）」＋「棚卸資産（寝ているお金）」－「買入債務（借りているお金）」＝「必要（正常）運転資金」（図表９）

企業が必要になる運転資金は、前記の算式で求められます。この資金を銀行から調達している借入れこそが「運転資金の借入金」なのです。

この場合、**図表８**でも示しましたが、右側の負債項目の借入金は、左側の売上債権と棚卸資産が換金するまでのつなぎの資金です。したがって、借入金の返済原資が明確に見えているのです。その借入れに連帯保証をしているからといって保険に入る必要があるとは、経営者はあまり認識しません。「何でこんな借金に保険に入らなければならないんだ。むしろ、手形と売掛が回収できなかったり、在庫が腐ったら大変だから、そっちに保険をかけたいくらいだ」と考えるのです。

ただし、いままでは運転資金を継続的に銀行から借りられていたが、社長に何かあり貸してくれなくなることがあるようです。確かに、会社の業績が悪化して信用不安が発生した場合には考えられますが、銀行がそのような先に融資する場合、手形の買取りは支払先の信用が高い銘柄に限定しているうえ、ほとんどのケースで信用保証協会の保証付きにするのが一般的です。

社長に何かあったとしても、事業が継続でき販売先が安定していれば取引は継続するので、手のひらを返すように返済を要求したり、取引を拒絶することは、よほど企業の信用状態に問題がない限り考えられません。

ただし、どのような状況でも借入れしなくても乗り切れるような体制の準備として、運転資金に保障をつけるという判断はあり得ることです。したがって、運転資金に対するリスクヘッジは、優先順位としては二次的なものと考えるべきです。しかし再度言いますが、決してムダなことではありません。

②絶対保険が必要な借入金─その1・設備資金

運転資金とは異なり、絶対リスクヘッジが必要な借入金は「設備投資の借入金」です。

設備投資の借入金とは、工場・本社の社屋や生産設備・車両の購入などに使われる資金です。これは投資した設備を使って売上を上げ、諸経費を支払って稼いだお金で返していくわけですから、**図表8**（設備投資借入金）のように返済するお金は左側の資産にはありません。

投資した設備等を売却すれば借入金を返済できますが、設備を売却しては事業が継続できなくなるうえ、これらの設備は簡単には売却できず、一般的には取壊し費用や撤去費用が発生します。したがって、設備投資の借入金は、投資した設備を有効活用してお金を生み出せるかがポイントになります。このような借入金を「利益償還条件の借入金」と言います。

設備投資の借入金は、儲からない限り返せないのです。そしてこの財源は「キャッシュフロー」とも言います。キャッシュフローとは「税引後当期純利益＋減価償却費」です。つまり、売上から原価や諸経費と税金を差し引いた利益に、実際はお金の出ていない諸経費の中の「減価償却費」を加えた、会社に純粋に残るお金のことです。

したがって、減価償却費も見込んで実質的に儲からないと返せない、収支トントンでは返済できない借入金でもあります。だからこそ、この種の借入れにはリスクヘッジが必要になるのです。社長に何かあった場合だけでなく、設備等に何かあり操業できないような事態が発生した場合でも、返済に支障を来すことになるのです。

一般的には、この借入れに連帯保証する以上、団信等に加入する必要性があります。筆者はこの借入金を「会社の住宅ローン」と呼んでいます。一般的に個人が住宅ローンを借りる場合、本人に何かあった場合に返済できなくなるため、団信に必ず加入します。

会社だって同様です。利益を出せないと返せない借金には、相応にリスクヘッジする必要があるのです。ところが中小企業は団信すら加入してないのが実態です。

筆者が以前、金融機関で融資を受けたときの話です。担当者に金銭消費貸借契約書や連帯保証書等の借入書類を提出したときに、ある書類に詳しい説明もないまま「これにもゴム印と署名・捺印をお願いします。皆さんいただいていますから…」と求められました。その書類は「団体信用生命保険の不加入同意書」でした。借り入れた資金は、信用保証協会の保証付きの制度融資でした。

つまり金融機関にはリスクのない融資だったのです。

では、なぜ金融機関は団信への加入を促さないのか。それは保証協会の保証を得た融資をするということは、金融機関にとって保全上のメリットだけでなく、自己資本比率でも有利なことから、中小企業への融資には信用保証協会付きを優先させる傾向があります。ところが、この融資は金利の他に信用保証協会への保証料の支払いが発生します。それに加え保険料まで取引先に負担させることに抵抗感があるためです。

また、融資そのものは保証協会の保証があるわけですから、保全上の問題はないと考え、余計な話はしたくないというのが本音ではないでしょうか。したがって、経営者だけがリスクを負った状態で借入れをしているのが実情なのです。

もし、この融資が事業承継で残ると、後継者は「絶対利益を上げることを前提に事業承継する」ことになるので大変な重圧がかかるため、できれば残したくない借入れであるといえます。したがって、この借入れにはリスクヘッジしておきたいものです。

③絶対保険が必要な借入金―その2・赤字の穴埋め資金

さらにもう一つ、保険が必要な借入れがあります。それは「赤字の穴埋めで調達した借金」です。これも**図表7**のように、純資産の赤字を埋めるために借りていますから、左側の資産には何も残せていない調達なのです。したがって、この借金も新たに稼いだお金で返済していくしかないのです。

この借金の厄介なところは、商売がうまくいかずに業績に問題があって借りているわけですから、稼ぐ力も弱く返済も難しくなる可能性があることです。銀行にとっては「後ろ向きの貸金」と言うべきものです。だからこそ、リスクヘッジが必要なのですが、実際、保険料の支払いにも困るような状況でもあり、さらに難しいのが現実です。

よく後継者が「うちのオヤジは、とんでもない借金を残してくれた」と言われるものの多くは、この後ろ向きの借金、もしくは設備投資の借金です。

筆者の知人は、商売がうまくいかず廃業すると同時に、社長が倒れて瀕死の状態になったのですが、病床で跡継ぎの長男夫婦に「すまない。すまない」と謝っていたそうです。その後社長は亡くなりましたが、保険に入っていなかったこともあり、結果として赤字の穴埋めで調達した借入金が残ってしまいました。さらに長男は体調を崩して働くこともままならず、長男の嫁に借金のしわ寄せがきてしまったという、切ない結末になってしまいました。

そこで、経営者には決して残してはいけない借金があるのだと痛感させられました。だからこそ経営者には「保険が嫌いだなどと言っている場合ではない」という現実を直視するべき義務があるのです。

☞ 設備投資・赤字穴埋め借入金に対するリスクヘッジ：話題展開例

営業：「社長様に教えていただきたいのですが、ある方から、同じ借金でも保険の必要ない借金と絶対保険が必要な借金があると聞きました。『運転資金で借りたお金は、売掛金・受取手形や在庫がお金に変わるまでのつなぎだから心配ないが、設備投資や投資で借りたお金は、利益が出なければ返せないから絶対に保険がいる。もう一つ、赤字の穴埋めで借りたお金も、返す資産がないんだから保険がいる』と言われました。『難しい言葉で言うと利益償還条件の借金なんだから、団信くらい入っていなかったら大変だ。会社の住宅ローンなんだよ』とも言われました。社長様のところでは、そのような借入れはございますか？」

(4) 経営上必要な真水のお金

この企業にいくらの保障が必要か…。必要保障額の算出根拠として、よく「社長様に何かあったら、毎月の固定費が賄えなくなりますから、月間固定費の半年分くらいは準備しておくべきではないか、もしくは最低人件費だけでもカバーする必要があるでしょうから、月間人件費の1年分くらいの保障を考えておけばよいのでは…」などと説明されることが

図表１０：必要保障額の算出根拠

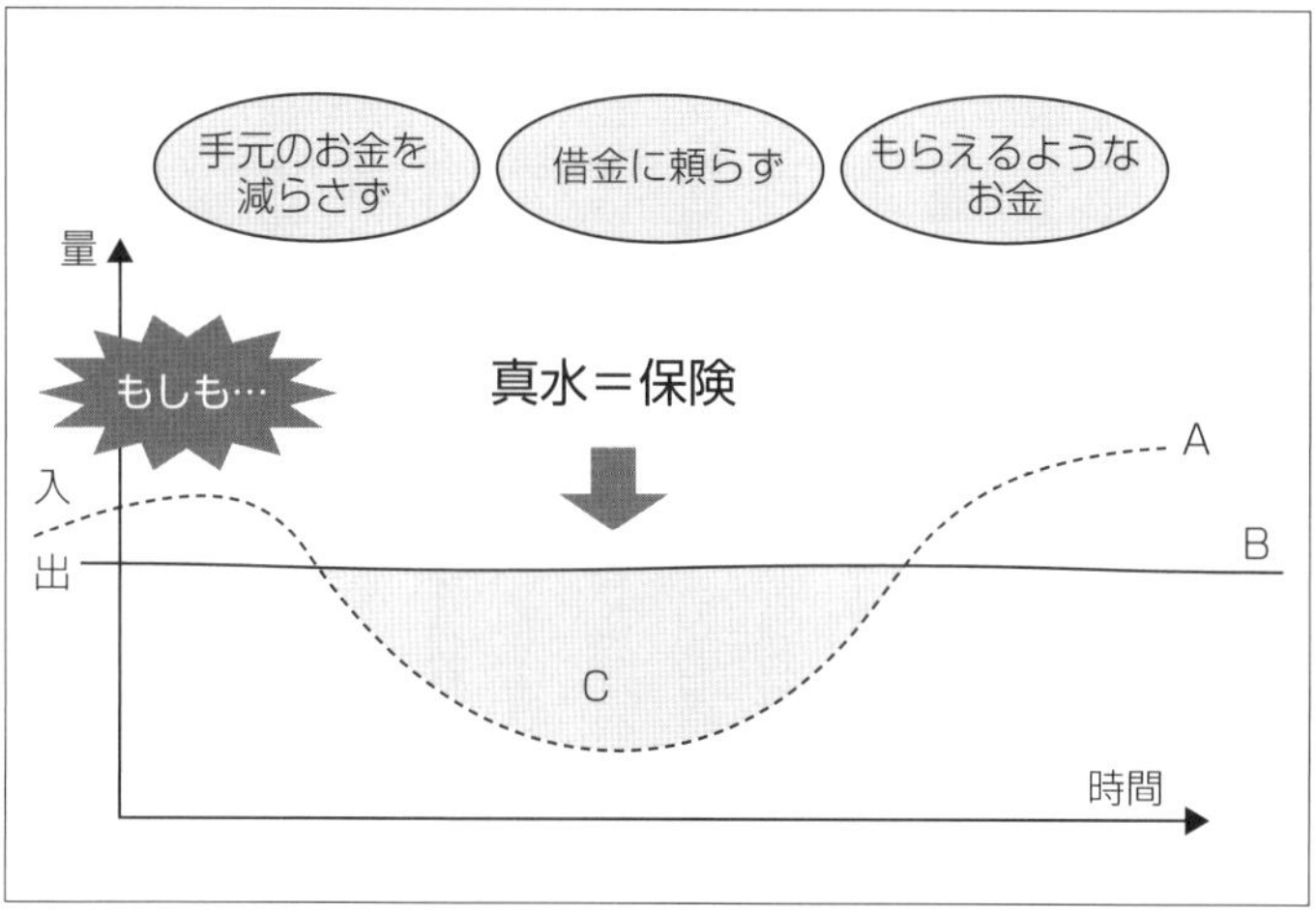

あります。

しかし、経営者からすると「私に何かあってもそんなに足りなくなるだろうか…、それは保障金額を膨らませるための保険会社の論理じゃないの」と考えて、提案自体に疑義を抱くことがあります。

では、どのように考えるべきかですが、経営者に何かあった場合に、商売の流れなど経営自体と資金繰りがどういう影響を受けるかを想定する必要があります。当然企業によって千差万別ですが、一つの代表的なパターンをモデルに考えます。

図表10を見ていただきたいのですが、タテ軸がお金の増減、ヨコ軸が時間となっています。Ａ線は売上の代金等の「入ってくるお金」に対して、Ｂ線が仕入代金や諸経

費等の「出ていくお金」になります。一般的にB線をA線が超えていれば、何も問題ありません。ところが経営者に何かあると、多くのケースで売上が減少して入ってくるお金が減ってしまいます。

その結果、B線をA線が下回るという実質「赤字」の状態になり、資金繰りが苦しくなってきます。それを後継者が一所懸命頑張って立て直すことになります。

この入ってくるお金であるA線が、先に説明した保険会社の説明だと「社長に何かあった場合」限りなくゼロになるように聞こえますが、実際は図表のように曲線を描いて徐々に低下していきます。結果としてA線とB線の差額である「C」の面積だけ不足するのです。ですから、この実態に合わせた説明が必要なのです。

「このCの部分を手当てする必要がありますが、その大きさをどう考えるかです。一つの目安として固定費の6ヵ月分、人件費の1年分と考えてみてはいかがでしょう?」と図表のような視覚的要素も入れて説明することで、説得力が増すのではないでしょうか。

そして、Cの手当てをどんな資金で行うかがポイントになります。考えてはいけないのは「借入金」です。借入れをして穴を埋めるということは、出ていくお金であるB線がさらに増えることになります。前経営者が残してくれた自己資金で埋めるのが一般的ですが、どんなに潤沢にお金があっても、徐々に減ってしまえば、落ち着いて仕事に邁進できなくなります。

したがって、できるだけ自己資金を減らさないようにしたいものです。

これらのことを考えると、穴を埋める最適な資金は「もらえるようなお金」これを筆者は「真水のお金」と呼んでいますが、これこそ「保険」だと言えるのではないでしょうか。だからこそ保険の効果と意義があると考えます。

(5) 経営上必要な「イザというときの益出し・キャッシュの復元」

企業経営では業績が好調なときもあれば、売上が落ちて苦境に陥るときもあります。世間の景気が厳しいときの影響はある程度想定できますが、好調のときに突然、業務上のトラブルや人的な問題で商売に支障を来し、業績が悪化というのは想定できません。ですから、対応に四苦八苦どころか経営の継続すら危ぶまれることもあります。特に内部留保が潤沢ではなく、体力が弱い中小企業の場合は深刻です。

また、売上の減少で資金繰りに支障が出るケースもあります。業績が赤字に転落すると公共事業を入札している土木建設業などでは、入札参加に必要な「経営事項審査の評点」が下がってしまい、最悪、参加できなくなることも考えられます。

したがって、そのような企業は当然に備えが必要になってきます。中小企業では、「ど

図表１１：益出しの材料とキャッシュの復元

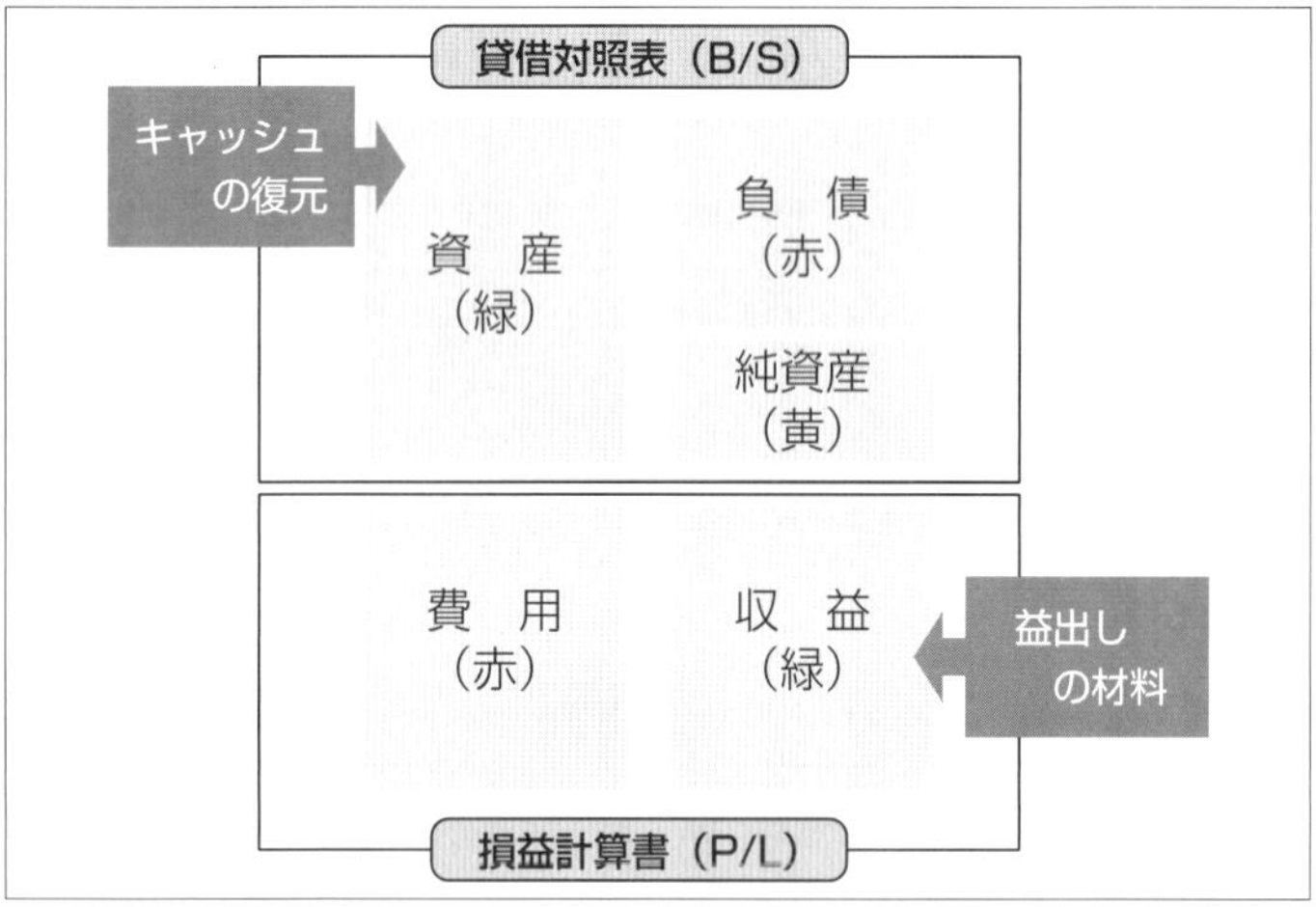

うしてもお金が欲しい局面」と「どうしても利益が欲しい局面」があるため、しっかり準備しておくことが絶対条件なのです。つまり、イザというときの「キャッシュ復元の材料」と「益出しの材料」を持つべきなのです。その最も有効な手段として「保険」があると言えます。別の表現をすれば、「あてにしないお金づくり」の必要があるのです（図表11）。

ところが、経営者が「あてにしないお金づくり」ができるかというと、簡単にできることではありません。というのも、常日頃から中小企業の経営者が気にかけているのは、金融機関のメイン口座つまり普通預金や当座預金の残高だからです。

経営者は、「ある一定のキャッシュポジ

ション」つまり基準となる預金残高を決めており、その残高を超えていれば安心しますが、逆に、下回ると不安と緊張から、急に「ケチ」に変身したりするのです。つまり残高に一喜一憂しながら経営をしているのです。そのため、できるだけ口座の残高を増やして「心の安心」を求めたがります。しかし、ゆとりと余裕を生みことで安心にあぐらをかいてしまうと、経営自体が甘くなることもあります。

このことは、筆者は中小企業経営者の特徴として理解していましたから、銀行員時代は経営者に「余分なお金は避難させましょう！」と提案していました。ただし昔の話ですから、当然避難させる場所は自行の「定期預金」です。ところが、定期預金はいつでも解約できますから、実際はまったく効果がなかったことも事実でした。

そういう意味からも保険は有効なのです。保険で避難させるということは、資産計上の保険料だろうが損金扱いの保険料だろうが、保険料を支払うこと自体が「保険会社に持っていかれる。つまり見えないところに行ってしまう」という心理が働くのです。つまり定期預金のようにいつでも使える「あてにできるお金」からいったん外れて「あてにできないお金」になるのです。

この「あてにしないお金づくり」こそが、中小企業経営者には絶対必要です。そして、そのあてにしないお金づくりには保険が最も適しているのです。

☞ 益出しの材料とキャッシュの復元：話題展開例

営業：「社長、一つお伺いしたいのですが、経営を続けていると『どうしてもキャッシュが欲しい局面と、利益が欲しい局面がある』とお聞きします。例えば、公共事業の入札に参加している企業は、赤字になると評点が下がり最悪、参加できなくなるので、益出しして絶対に赤字にしないそうです。ただ、計画的にかつ強制的に、時間をかけて準備しないと、なかなかできないとも聞きます。『利益とキャッシュを帳簿の内か外に避難させることが大切だ。あてにしないお金づくりが必要なんだ』とある経営者が力説されていました。社長様はそのような備えをされていますか？」

(6) 経営者目線の必要保障額の根拠

先に必要保障額の根拠として「借入対策」「運転資金対策」の考え方を説明しました。保険会社としての必要保障額の算出根拠としては、他に経営者の生活を防衛のための退職金や弔慰金などについても、重要な必要保障額の要素でもあります。今まで申し上げてきた必要保障額以外にも経営全般のことを考えると、様々なリスクに対する備えの必要性が考えられます。

さて、経営者にとって必要なリスクヘッジとは、その必要保障金額とは何が優先されて、どこまでを必要なお金として考えるのでしょうか。これについても明確な答えがあるわけではありません。会社の経営状況や所有資産や負債にもよるため、一概には言えないのです。

したがって、ここでは多くの中小企業経営者、特にオーナー経営者が考えると思われるケースを、筆者の元銀行員としての目線と現経営者の目線から説明します。

まずリスクに対する捉え方は、先にも説明したように、経営者に何かあったり、業務上大きな事故が起きた場合、お金よりも先に経営者は取引先との関係や自社の信用問題を真っ先に心配するものです、つまり商流への影響こそが、最も恐れているリスクということになります。

その結果として、現実的な資金繰りへの対応を考えるものです。ただしその時間差はごくわずかで、ほぼ同時に頭をよぎるとも言えます。

「何かが起きる→商流の問題→信用問題→お金の問題→商流の問題→信用問題→お金の問題」これらの不安が何度も何度も駆け巡るのが現実です。

そこで、お金の問題としての必要保障の種類と金額を考えた場合について説明します。

図表１２：経営者目線の必要保障の優先順位

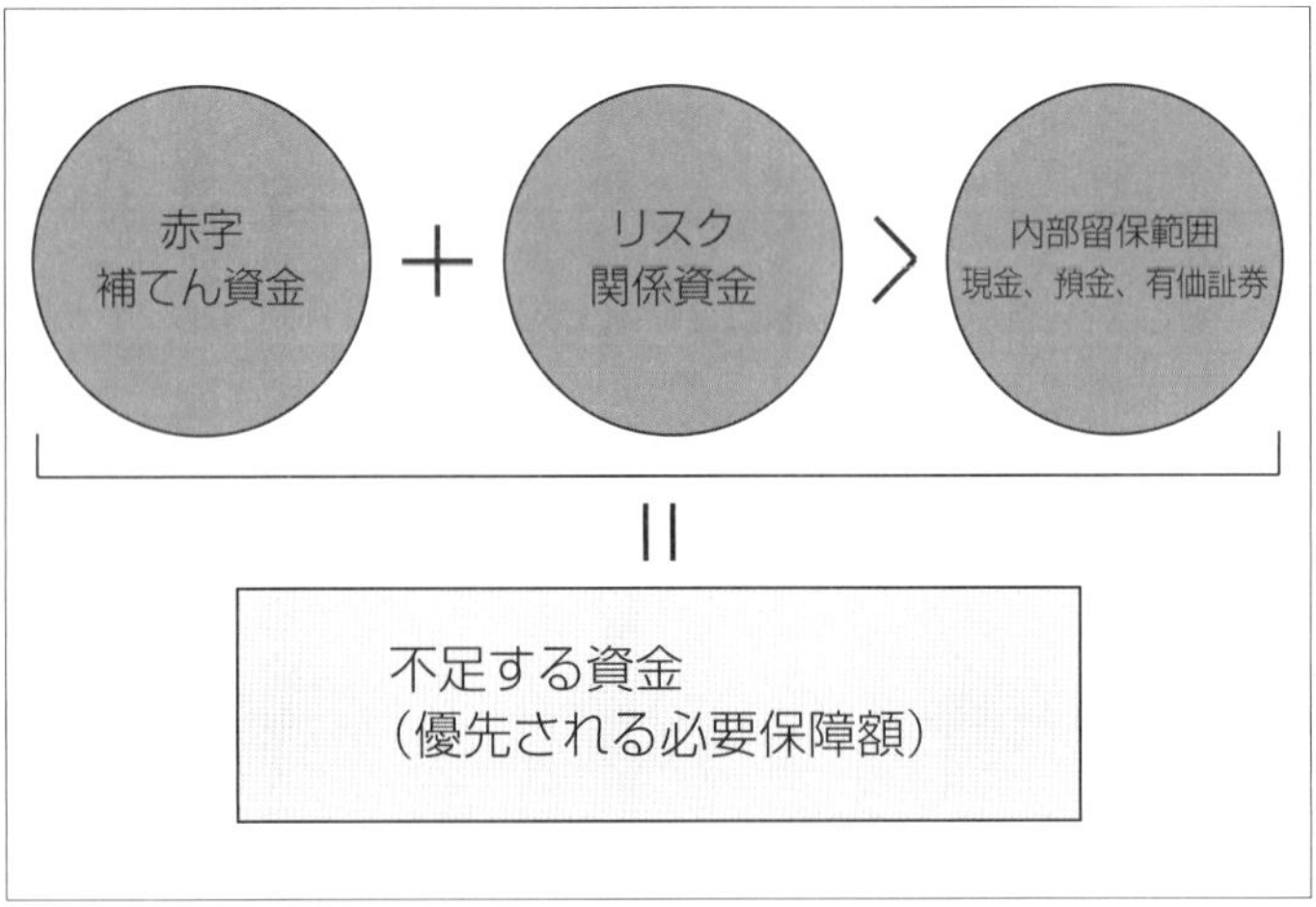

まずなによりも、会社の事業を継続させる資金としての「赤字補てん資金」。これを単純に運転資金と言いますが、まともな経営者目線であれば正常な運転資金とは明確に分けて考えるものです。

次に、事故の賠償金や損害金の支払いがいくら発生するか、同時に設備等の補修や買換え費用がいくら必要になるかなど、トラブルや事故に伴って発生する「リスク関係資金」になってきます。

「赤字補てん資金」と「リスク関係資金」を、過去から積み上げてきた利益の貯金（内部留保）として、現金・預金などの換金性の高い資産で所有していれば、そのお金で足りなくなる金額こそが、経営者目線の必要保障額算出根拠の裏づけです（図表12）。

(7) 財務諸表から考える必要保障額の理論値

定量的な視点で必要保障額を算出する場合、企業の財務諸表によることが一般的です。ただし正確な数字を使うには、決算書は決算日時点での情報であり、以後の変化はヒアリングする必要があるため、資料としてはむしろ、最新の「試算表」がより現状に近いと言えます。

同時に損益計算書は、過去の1年間の集計であり、これも試算表で確認する必要があることと、特にリスクを確認するのなら、一番新しい時点での月間で必要な固定費を確認する必要があります。さらに損益計算書には載ってこない、借入金の元金返済額や当面必要になってくる設備等の支出分も把握する必要があります。

それでは、保障金額算出のための目のつけどころと、想定金額の算出について考えていきます。

①貸借対照表から分かる必要保障額

まず貸借対照表ですが、ここから分かるリスクと必要保障額は、企業の資産に対する毀損リスクや、調達面では他人資本と言われる借入金や買入債務などの負債部分です。先に説明した「ストック防衛力」と「フルストック防衛力」の考え方に関係してきます。

所有している資産に対して、調達面では自己資本の純資産は問題ないのですが、他人資本の負債部分は、最終的に支払わざるを得ませんから、それに相当する額が最初に考えるリスクの理論値です。ただし、所有している資産の換金性によっては、負債金額をカバーできない部分が出てきます。特に資産価値が下落していて、負債が純資産部分を超えて債務超過の懸念があるなら、その部分はリスクヘッジに必要な理論値となります。

さらに、具体的に資産項目における所有リスクとリスクヘッジの関係を考えていきます。

貸借対照表の左側の資産項目で、流動資産の部分には、企業の商流における「ツケと在庫」が主要項目として存在しています。ツケである「売掛債権」の回収リスクがありますが、一般的に中小企業では倒産防止共済などで一定のリスク対策をしますが、倒産防止共済は無利息で借入れができるということと、掛金部分が返ってくる程度であり、先に説明した「真水のお金」を得ることはできませんから、リスク対策としては限界があります。

次に、商・製品など在庫の「棚卸資産」です。在庫が保管状況や災害などで毀損するリスクと、市場価値の低下で売却できなくなったり売れ残るリスクも想定されます。毀損リスクには一定の保障によりヘッジはできますが、その保障を得るためのコストが発生するため、実際は商・製品の原価コストが上昇し、利益も減ることになります。

換金性という観点からも、簿価の価値を確保できるかは、在庫処分の理由とタイミング次第で大幅に簿価を下回ることも考えざるを得ませんが、それに対するリスクヘッジは現実的には難しいと言えます。そうなると、想定されるリスクが大きくなることは考えておく必要があり、理論値も変わってきます。

固定資産も同様です。所有している「有形固定資産」の建物や機械設備などは、一定のリスクに対する保障は得られると考えられますが、在庫同様に換金性を考えた場合には、簿価を大幅に下回る可能性も考慮する必要があります。

「無形固定資産」や投資有価証券や株式などの「投資その他資産」については、有形固定資産と同様、市場価値が大きく変化することもあり、「含み益・含み損」という「期待値とリスク」を両面抱えていますし、保険等によるリスクヘッジは難しいのが現実ですから、目に見えないリスクを抱えているとも言えます（図表13）。

貸借対照表の右側については、運転資金に関係する「買入債務」の支払手形や買掛金や運転資金として調達された「借入金」は、先にも説明したように「売上債権」と「棚卸資産」が回収・換金されれば何も問題ありませんが、設備投資や投資等で調達された借入金や赤字を埋めるために調達された借入金については、利益償還が条件になってくるため、業績次第では償却前で収支トントンでも返済できず、優先的にリスクヘッジしておく必要

図表１３：資産の毀損リスクを想定した必要保障額の理論値

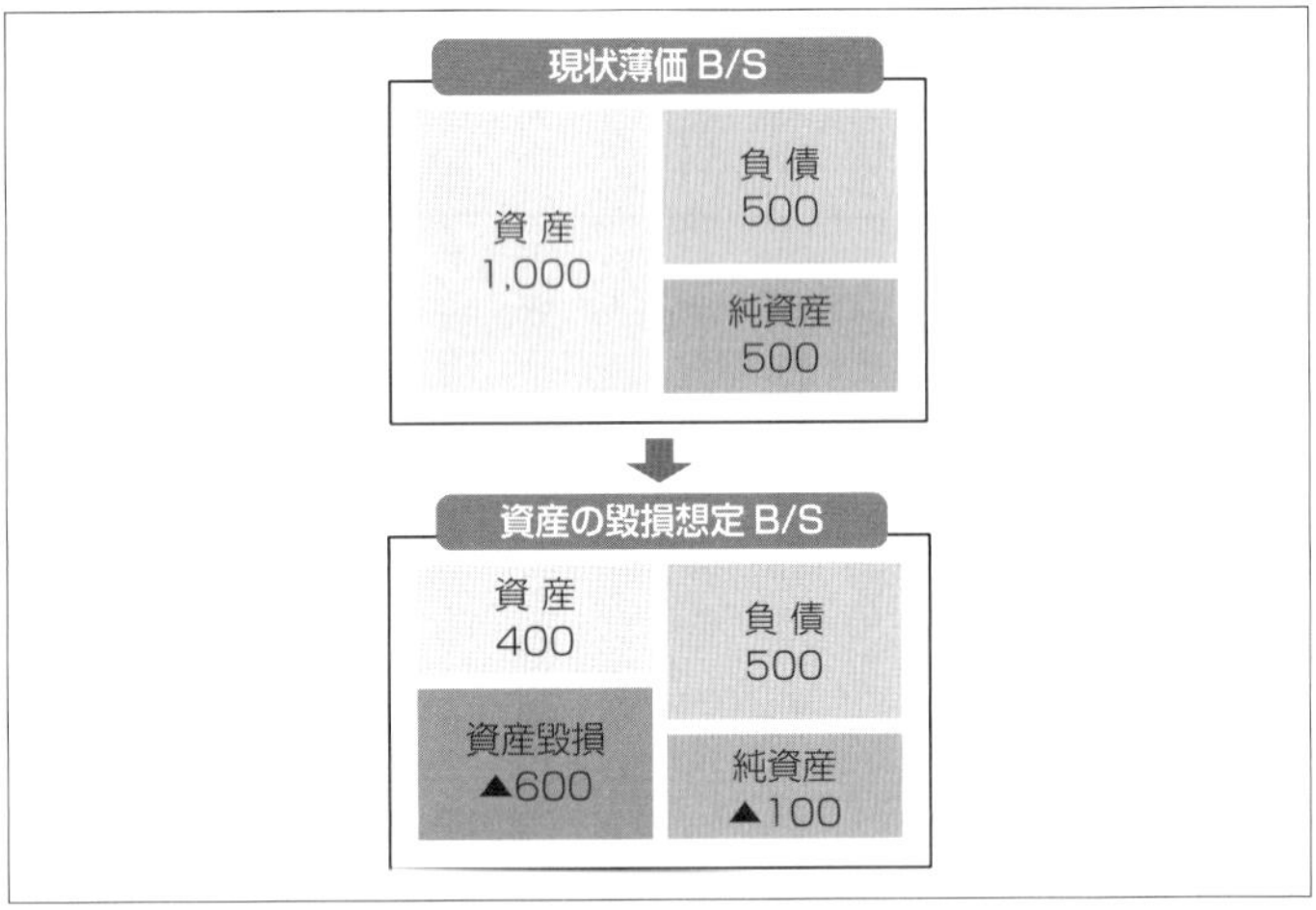

があります。

その他では「退職給付引当金」などの将来的に支払義務が発生するものについては、支払準備としての積立額と積み立てられている資産の価値に問題ないかがポイントになってきます。一般的に中小企業では「中小企業退職金共済」により簿外で退職金準備をしているものですが、必要額に不足していることが多く、支払いの時点で多額の費用負担が発生するリスクを抱えています。

以上が、貸借対照表から見えてくるリスクと目のつけどころと考え方です（図表４）。

②損益計算書から分かる必要保障額

次に、損益計算書から想定できるリスク

と必要保障額について説明します。

先に説明した「フロー防衛力」にも関係してきますが、ポイントは「費用の分解」を認識できることです。費用の分解とは「固定費と変動費」の分解です。固定費とは、売上の動向に関係なく、例え売上がゼロでも発生する費用です。代表的なものは正社員の固定給や家賃などです。変動費は売上に準じて発生する費用で、代表的なものとしては、材料費や外注費などになります。

特に固定費を特定できることが、リスク認識には絶対条件になってきます。当然受注動向の変化による売上高の減少リスクや、材料費の値上がり等による変動費の高騰による、収益悪化リスクも内包しており、それに対するリスクヘッジも経営上は重要な要素です。ただ、すべては結果として固定費を吸収できなくなってくることで赤字に転落して資金不足を来すリスクがあります。

固定費の捉え方のコツは、大雑把には「販売費・一般管理費」と営業外費用の「支払利息」を加えたものを「概算固定費」として考えることです。そして、製造業や建設業・運輸業の場合、売上原価の「当期製品製造原価・完成工事原価・営業原価」各明細の労務費と経費の半分程度を固定費認識して合算する捉え方もあります。ただし、かなり乱暴な計算ですから「仮に想定した場合ですが、何割ぐらい固定費で見込めばいいですか？」と経営者にヒアリングして想定額を確認します。

もう少し細かく考えると、なるべく大きい項目を中心に認識することです。業種により異なりますが、大きな固定費の代表は「人件費」です。一般管理費・販売費における役員報酬と給与・賞与そして社会保険の企業負担分などの法定福利費を含める必要があります。そして原価明細のある企業であれば、「労務費」も加えて総人件費という認識をします。その他項目で金額の大きい項目をピックアップするか、前述したように、経営者にヒアリングして人件費以外の諸経費の何割かを固定費と認識することで、全体的な固定費を確認することがポイントになります。

その認識した固定費こそが、毎月背負っている支払いリスクと言えるのです。一般的に企業に何かあった場合、月間固定費の何ヵ月分を利益剰余金等の内部留保で確保できているかが、リスク対応力の一つの目安であり、同時に必要保障額の算出根拠としてリスク認識する理論値でもあります（図表5）。

さらに厳密に考えると、固定費以外にも先に説明した設備投資や赤字の穴埋めで調達された「利益償還条件の借入金」の返済不能リスクもあります。

(8) イザとなったら会社をたたむという発言への反論

「保険は嫌いだ、イザとなったら会社をたたむからいいんだ」という経営者が世の中には多くいます。潤沢な内部留保と資金を抱えており、清算しても十分余裕がある会社なら一理あるかもしれません。しかし、多くの中小企業ではそこまでの余裕もなく、脆弱な財務体質の会社が多いのが現実です。

また、「会社を閉める」いわゆる清算することは、思ったほど簡単ではありません。多額の固定資産を所有していても、実際には簡単に売却できるものではありません。清算に伴って社員を解雇するにしても、退職金や解雇手当など金銭的にも大変ですし、大事な従業員から職を取り上げるわけですから、何よりも精神的な苦痛が伴います。

そして、いざ清算の段になってもソフトランディングさせるためには、取引先との関係や在庫処分・所有資産の整理など相応の期間が必要なため、事業の継続が必要になります。当然、この継続期間について固定費もかかってきます。また、経営者個人としても扶養している家族や自身の生活の問題がありますから、相応の資金が必要になります。

事業をやめたからといって、経営者がサラリーマンに戻れるかというと、年齢的や所有している資格や技術にもよりますが、かなり厳しいと思われます。したがって、会社を清算するということは軽々しく考えることではないのです。

(9) 実態バランスシートから考える本当のリスク額

前項で企業を清算することは簡単ではないと説明しました。銀行では、融資先が倒産の危機に陥ったときに、貸しているお金が回収できるか、回収不能になるリスクがどのくらいあるか、保全状況を確認するために「実態バランスシート」を作成します。

これにより、決算書に掲載されている資産と負債の現状および、決算書に載っていない負債の額を確認します。同時に連帯保証をしている経営者の個人資産の洗い出しなども行います。不動産に関しては最新の登記簿謄本を取り寄せ、他の債権者と担保設定状況について確認します。

この実態バランスシートの考え方が、先ほどの企業を清算するときに清算できるのかどうかを確認するポイントにもなるのです。

一般的に、貸借対照表に掲載されている資産が現在価値として、それ以上に換金可能価値として記載金額とイコールというケースは、ほぼないと考えられます。ただ、土地や有価証券等で簿価以上の価値がある含み資産となっていることもありますが、そのような企業は、業績が悪化した段階で益出しや手持ち資金確保のために売却等処分したりします。換金しやすいモノ（資産）からなくなっていくのです。

①流動資産の実態価値

例えば、流動資産の「在庫」などは、清算を目的として処分した場合は、原価以下で売り渡すことが一般的ですから、簿価をそのまま鵜呑みにはできません。特に業績の悪化している会社では、売却が難しい「売れ残り在庫」や「毀損在庫」などの、いわゆる「デッドストック」を損金処理せずに計上していたり、「架空在庫」を計上して粉飾決算するなどのケースも考えられます。

在庫同様に、売掛金や受取手形についても、通常取引で販売先の信用に問題がない場合はいいのですが、すでに破綻して回収が難しい債権や、売上と売掛金を架空計上していたり、融通手形が存在している場合は、換金性に問題が発生しているどころか、多額の含み損が存在しています。

デッドストックや不良債権・粉飾決算を見つけるコツとして、数年間の売上と売上債権と棚卸資産の時系列のトレンドを確認すれば、「売上が増えていないのに売掛金と在庫が増え続けている」等の動きとして表れるので分かります。

流動資産では、他に「貸付金」や「未収金」などにも注意が必要です。貸付金は一般的にオーナー個人や関連会社・子会社に貸し付けている場合が多く、回収できるかどうかは確認の必要があり、単純に資産価値としてみるのは無理があります。以上のことから、流動資産の価値を確認する場合は、債権の相手についてヒアリングする必要があり、単純な簿価で評価を考えるべきではありません。

②固定資産の実態価値

次に固定資産ですが、まず有形固定資産の価値の考え方です。建物や機械・器具などの設備資産ですが、購入後に使用した段階で中古扱いとなり、売却しようとした場合、一定の年数が経過していると、簿価と同様の金額での換金は難しいといえます。特に不動産については、土地は「更地渡し」が売却条件になり、建物には「取り壊し費用」が発生するのが一般的です。

機械・器具の場合、よほど希少価値や流通性のあるものでなければ「処分費用」が発生してしまい、簿価どころか「簿価割れ（足が出ること）」も想定されます。土地については、購入時期により含み益や含み損が発生しやすい資産でもあります。価値認識は市場価格を調べることにより、ある程度の換金価値は推測できます。

公示価格や路線価・固定資産評価額や不動産鑑定士による評価などの基準がありますが、むしろ、売買取引の事例や不動産業者に売却可能金額を確認する方が現実的です。ただし、これも売却を急いだ場合「時価の半値七掛」といった処分価格になったりします。また、無形固定資産のソフトウェアなどは、転売が難しいため換金価値を見込むことはできません。

投資その他資産では、上場株式などの時価がはっきりしていて流通性が高い資産は問題ありません。問題は投資有価証券でも未上場企業や、関係会社・子会社の株式などは、換金性は期待できないと考えるべきです。同様に差入保証金や敷金は、退去する場合に「原状復帰費用」で残らないと考えるべきです。換金性が高いとすれば「保険料積立金」などの資産性の金融資産と考えるべきです。

③簿外債務であるリース取引の留意点

以上のことを考えると、貸借対照表の資産価値は換金しようとすると簿価と大きな差異が発生し、負債をカバーできない債務超過状態になることが多いと考えるべきです。特に中小企業は、常に時価で貸借対照表を作成していることは少ないでしょう。

さらに、負債項目で貸借対照表には載らない簿外債務があることを考えなければなりません。代表的な簿外債務はリース債務です。リースでも運用目的で活用されるオペレーティングリースではなく、ファイナンスリースです。ファイナンスリースはコピー機の導入や設備等に使用される一般的なリースです。

リース取引の場合、原則所有権はリース会社にありますから、債務はリース物件の使用料に相当するもので、最終的に物件はリース会社に返還する必要があります。この取引で問題になるのは、途中で解約した場合、現物は返還してリース期間の残金を一括清算する義務が生じることです。

したがって「モノはなくなる、残金は払わなければならない」という、ある意味で通常の借入金よりも怖い状態となります。リース取引は、厳密には貸借対照表の負債項目に掲載するべきものですが、中小企業は掲載しないのが一般的です。実態バランスシートを考える場合は、リース残高を借入金同様に加算する必要があります。それ以外、子会社・関係会社や取引先に「債務保証」をしている場合は、その保証債務は自社の借入金と同様に考えるべきです。

これらのことを考慮したうえで、帳簿上における貸借対照表と換金換算した資産と簿外の実質債務を加味した実態バランスシートを比較したときに、負債総額を資産でカバーできるのかを確認する必要があるのです。

④実態バランスシートの作成例

そこで、具体的な事例で見ていきます。先ほども申し上げましたが、ここでは資産の評価について、何の参考資料もない場合の具体的なやり方を示していきます。ただし、以下に示す評価の基準は、あくまでも一つの考え方である点を前提としてください。
実際は様々な評価基準により正確に評価していくことがベストですが、現場対応力を考えた簡便な方法と思ってください。

〈前提の価値評価基準の例〉

●流動資産

・現金・預金は簿価のまま評価…預金通帳等確認できる場合はその金額
・売上債権（受取手形・売掛金）は簿価のまま評価…ヒアリングで確認できる場合はその金額
・棚卸資産（商品・製品・仕掛品・原材料・貯蔵品）は簿価の０％～…デッドストック分も想定して処分価格。ただしヒアリングで確認できる場合はその金額
・その他資産は簿価のまま評価…ヒアリングで確認できる場合はその金額

●固定資産

●有形固定資産

・建物・機械・器具関係は簿価の０％～（費用発生の場合▲）…動産は処分価格、場合

によって取壊し・撤去費用がかかる
・土地は簿価もしくは相場の50％～…土地は売り急ぎ価格として「半値・7掛け」
・無形固定資産は簿価の０％～…処分価格、ソフトウェアやのれん等なら価値ゼロ
・投資その他資産は簿価の50％～…処分価格、関連会社株式や貸付金ならゼロ評価、内容や評価が確認できる場合はその金額
・流動負債と固定負債は簿価で評価
・簿外債務はリース債務と債務保証をヒアリングかエビデンスで確認評価

以上の基準にしたがって実態バランスシートを作成していきます。さらに簿外債務として、リースや債務保証等も厳密に実態的な負債に準じる項目として加味し、実態バランスシートを考える必要があります。

図表14「実態バランスシートとストックリスク」を見てください。上段のA社の貸借対照表の簿価を、前提の評価基準を参考に実態バランスシートを作成しました。

当座資産・その他資産は簿価の１００％、棚卸資産・有形固定資産・無形固定資産は簿価の10％、土地・投資等は簿価の50％、流動負債・固定負債は簿価の１００％で評価しています。また負債項目に簿外債務でもあるリース債務を１００％計上しています。

結果として仮に現段階で会社を清算した場合には、簿価のバランスシートと実態バランスシートでは９２３２万円の債務超過のリスクが想定されます。これを「ストックリスク」と筆者は呼びます。

次に、**図表15**「実態バランスシートとフローリスク」を見てください。前記のA社の損益計算書から、概算の想定年間固定費を算出しました。

売上原価の労務費と経費については、２分の１を固定費と変動費に分解しています。当然労働者の雇用形態や勤務実績を加味して分解することが正確な固定費を算出する条件になりますが、筆者がよく使用する簡便な方法を採用しています。

また、販売費及び一般管理費についても、正確な固定費と変動費の分解が必要なのですが、明細や詳細な情報がない場合の簡便な方法として、記載額をそのまま計上しました。営業外費用は支払利息を固定費と限定して計上しました。

計上した年間固定費１億８１３２万円が、絶対的に必要になってくる年間限界利益です。同時に仮に会社を清算する場合、前述しましたが従業員に支払うべき月間給与の２ヵ月分の解雇手当、事務所を賃貸している場合に退去の事前通知が通常３ヵ月から６ヵ月前になりますから、その期間の家賃負担分、清算作業に必要な人件費など、相応の固定費が支出されると考えるべきです。

今回は年間固定費の2分の1の9066万円を計上しています。これを筆者は「フローリスク」と呼びます。

さらに、**図表16**「実態バランスシートと将来想定リスク」を見てください。

A社が仮に清算をするなら、これまで説明してきたストックリスクとフローリスクの他に、役員や従業員に対する退職金や弔慰金などの資金が必要となり、中小企業退職金共済等で準備している資金が不足します。同時に経営者自身の生活の問題があるわけですから、社長自身の退職金もしくは清算金も必要になってきます。

今回は仮に必要額を4500万円設定していますが、現実にはこの規模の会社ではさらに必要になる可能性はあります。これを筆者は「将来想定リスク」と呼びます。

以上を考えると、A社における実態バランスシートから考える清算時の想定額は22798万円となると考えられます。ただしこれは、会社の業種や業容など個別の企業の事情で当然変わってくると考えてください。

図表14：実態バランスシートとストックリスク

A社　貸借対照表（B/S）

区分	前期
資産の部	
Ⅰ．流動資産	
現金・預金	5,066
受取手形	2,061
売掛金	4,839
製品	923
仕掛品	278
原材料・貯蔵品	1,095
その他	1,463
流動資産合計	15,725
Ⅱ．固定資産	
1　有形固定資産	
建物・構築物	4,859
機械・装置	2,007
工具・器具・備品等	473
土地	4,898
2　無形固定資産	252
3　投資等	915
固定資産合計	13,404
資産合計	29,129

区分	前期
負債の部	
Ⅰ．流動負債	
支払手形	1,793
買掛金	2,238
短期借入金	3,963
その他	1,410
流動負債合計	9,404
Ⅱ．固定負債	
長期借入金	15,263
その他	0
固定負債合計	15,263
負債合計	24,667
純資産の部	
資本金	1,000
資本剰余金	21
利益準備金	174
利益剰余金	3,267
純資産合計	4,462
負債純資産合	29,129

リース債務残高	1.890

A社 清算時のストックリスク

（　）は簿価：整数は実態価値

資産		負債	
当座資産 （現金・受取手形・売掛金・有価証券）	(11,966) →11,966	流動負債 （支払手形・買掛金・短期借入金）	(7,994) →7,994
棚卸資産 （製品・仕掛品・原材料・貯蔵品）	(2,296) → 230	その他	(1,410) →1,410
その他	(1,463) →1,463	固定負債 （長期借入金・その他）	(15,263) →15,263
固定資産 有形固定資産	(7,339) → 734	リース債務	1,890
土地	(4,898) →2,449	負債合計	(24,667) →26,557
無形固定資産	(252) →25		
投資等	(915) →458	A社 清算時のストックリスク	▲ 9,232
資産合計	(29,129) →17,325		

図表15：実態バランスシートとフローリスク

A社損益計算書（P/L）　（万円）

区分	前期	
Ⅰ．売上高		39,657
Ⅱ．売上原価	24,207	
（材料費）	(15,425)	
（労務費）	(6,722)	
（経費）	(682)	
（外注費）	(1,378)	
売上総利益		15,450
Ⅲ．販売費及び一般管理費	13,913	
（人件費）	(9,134)	
営業利益		1,537
Ⅳ．営業外収益		462
Ⅴ．営業外費用	585	
（支払利息）	(517)	
経常利益		1,414
Ⅵ．特別利益		105
Ⅶ．特別損失	188	
税引前当期利益		1,331
法人税等充当額	532	
当期純利益		799

A社　清算時のフローリスク

年間固定費	18,132
売上原価	3,361
労務費（年間労務費の1/2）	341
経費（年間経費の1/2）	
販売費及び一般管理費人件費	13,913
営業外費用（支払利息）	517
清算時のフローリスク（清算時必要固定費）（年間固定費の1/2）年間固定費×30～50%（参考値）	▲9,066

図表１６：実態バランスシート将来想定リスク

A社　将来想定リスク

必要退職金・弔慰金（積立不足）

（単位：万円）

社長	2,000
役員	1,000
社員	1,500
将来発生リスク（現在価値）	▲4,500

（金額は仮定の数字を設定）

将来退職金（役員・社員）や事業承継対策に対するリスクを確認する（積立不足の現在価値）

A社の実態バランスシートから考える会社清算時リスクの想定額

ストックリスク		フローリスク（清算時必要固定費）		将来想定リスク（清算時支払退職金現在価値）		
9,232	＋	9,066	＋	4,500	＝	22,798
		年間固定費×30〜50%（参考値）				

図表17：実態バランスシート：話題展開例①

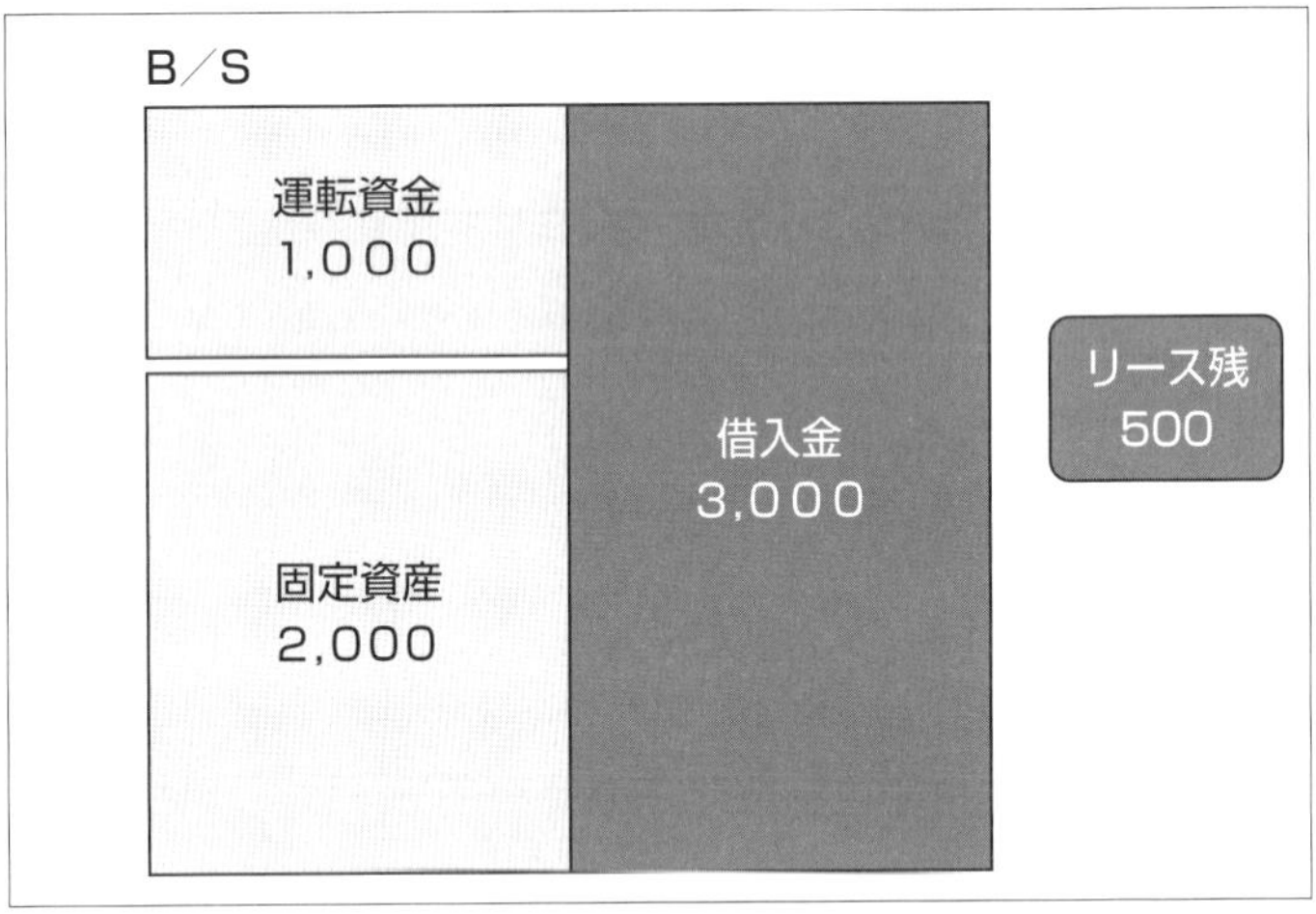

図表18：実態バランスシート：話題展開例②

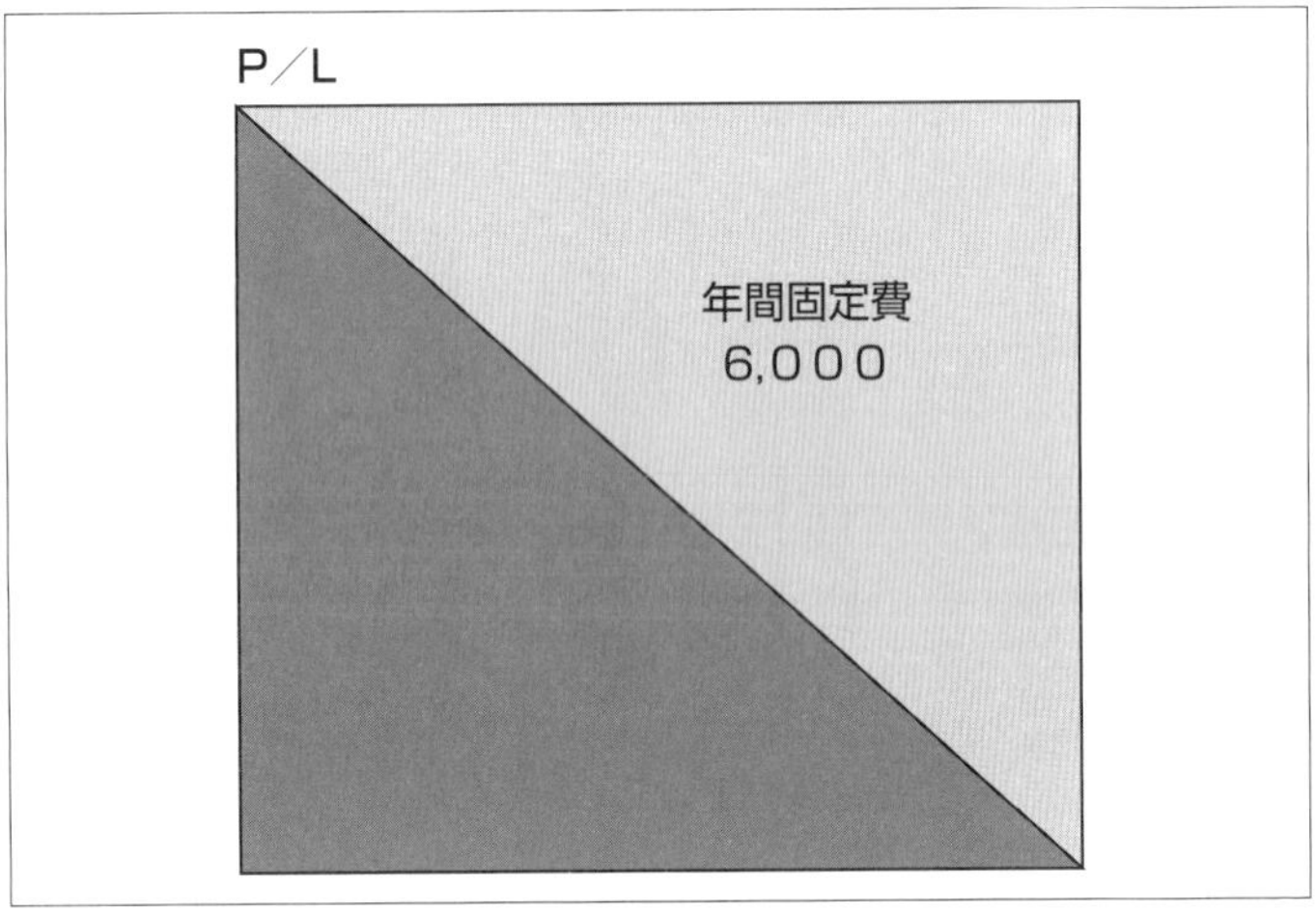

☜ 実態バランスシート：話題展開例：視覚に訴える話法①

社長：イザとなったら、会社をたたむから保険なんかいらないよ。

営業：社長、簡単に会社をたたむとおっしゃいますが、ことはそう簡単じゃないとお聞きしますよ。

営業：（図表17を面前で記入しながら）

仮に、バランスシートに借入れが３０００万円あって、運転資金に１０００万円、固定資産の設備投資に２０００万円使用しているなら、運転資金部分は受取手形や売掛金と在庫が資金化されれば何も問題ありませんが、設備投資の建物や機械などは、帳簿に載っている金額で処分することはかなり困難で、それどころか取り壊し費用や撤去費用で逆にお金がかかり、足が出ることもあるとお聞きします。ましてやリースの残高が残っていると、現物は持っていかれ残債を清算する必要もあるようですし、相当やっかいですよ。だからこそ、最低限の備えだけはされておいた方がいいのではないでしょうか？

☞ 実態バランスシート：話題展開例：視覚に訴える話法②

社長：イザとなったら、会社をたたむから保険なんかいらないよ。

営業：社長、簡単に会社をたたむとおっしゃいますが、ことはそう簡単じゃないとお聞きしますよ。

営業：（図表18を面前で記入しながら）仮に、年間固定費が6000万円必要な会社だと、従業員の解雇手当や清算作業に必要な人員の給与など、事務所だって数ヵ月前には退去通知が必要ですし、その期間の家賃負担その他にも様々な清算作業にかかってくる経費が発生して、一般的に年間固定費の半分近く必要といわれますから、3000万円くらいお金がいることになりかねません。ましてや、従業員さんや社長ご自身の生活も考えたらある一定の退職金も準備しておく必要がありますよね。だからこそ、最低限の備えだけはされておいた方がいいのではないでしょうか？

(10) 内部留保が潤沢だから保険不要という発言への反論

優良な企業で内部留保も多く余裕のある企業は、少なからずあります。そのような会社は、多少の事故や天災などに遭っても十分耐えることができます。したがって、あえて保険に加入してリスクヘッジする必要もないとも考えられます。しかし、どんなに内部留保が潤沢でも、赤字を計上したり賠償等で多額の支払いが発生すれば、当然不安になります。

そもそも内部留保とは、どのように積み上げられてきたのでしょうか。売上高から原価や販売費・一般管理費や営業外費用などを差し引いた利益から、法人税を納税した残りが当期純利益で、この金額が利益剰余金として内部留保を構成しています。しかし、ここからさらに株主に配当金を払うと減ってしまいます。したがって、内部留保を積み上げていくということは、大変なことであり、相当の利益が出ないと実現できないのが現実です。

一般的に、売上に対して当期純利益をどのくらい残せているかを考えた場合、10％、5％残せるならかなり優良な企業です。中小企業などでは1％にも満たないところが多くあります。ということは、100万円の当期純利益を残すためには、売上高当期純利益率5％で2000万円の売上高が必要ですし、1％であれば1億円の売上が必要になってきます。そのくらいの売上があってこそ積み上げられるのが内部留保なのです。

したがって、どんなに業績が良い会社であろうが、本業で苦労して稼いだ利益を、たとえ事故や天災による支出であっても、簡単に考えるべきではないということです。ましてや、内部留保の掃出しなど安易に行うべきではありません。

図表19：内部留保とリスク

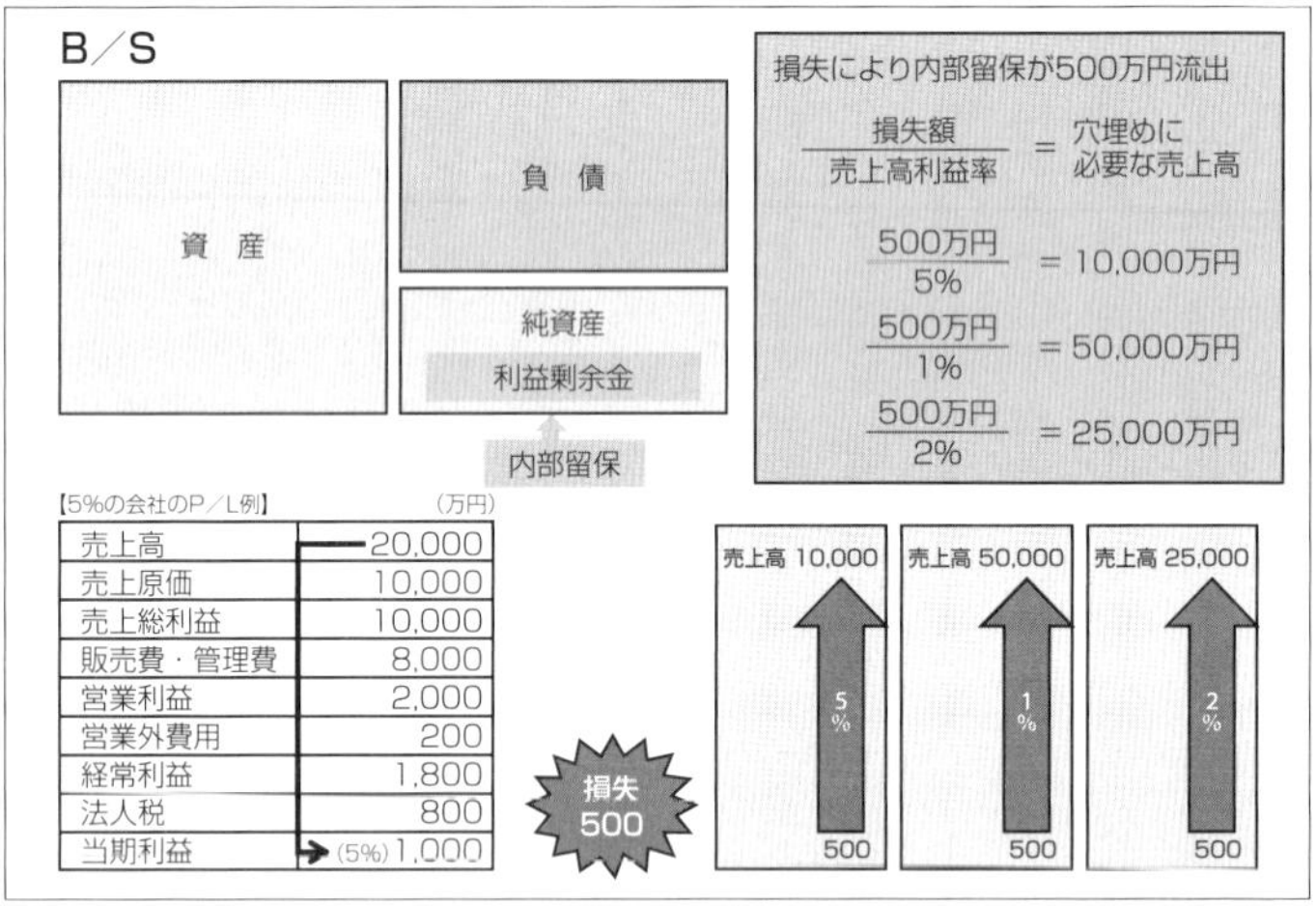

売上高	20,000
売上原価	10,000
売上総利益	10,000
販売費・管理費	8,000
営業利益	2,000
営業外費用	200
経常利益	1,800
法人税	800
当期利益	(5%) 1,000

　ところが、経営者のなかには「仕方ないな…」で簡単に妥協してしまう人も多いのが現実です。そのような経営者は、例えば「500万円の損失が発生し内部留保を持ち出す」といった事案が発生すると、真っ先に「現金預金の残高」に頭が行きます。同時に「利益剰余金の金額」を意識します。仮に現金・預金と利益剰余金が「2000万円」あるとしましょう。そうすると「あぁ、500万円損するな、現金・預金と利益剰余金が500万円減るな…」と思うのです。

　つまり、すでに積み上がった2000万円の4分の1が減るなという痛みの感じ方であり、人によっては「まだ4分の3の1500万円残るか…」と済ませたりします。

ところが、内部留保500万円を積み上げるために要した売上を考えると、売上高当期純利益率を5％稼げる会社で1億円、1％なら5億円の売上高が必要なのです。この事実と考え方を認識できれば、経営者はことの重大性を改めて認識できるのです。「すでに積み上がって減る痛みよりも、積み上げる苦労と難しさ」は誰よりも経営者自身が分かっているはずなのに、資金的な余裕が生まれてくると安易に考えがちになるのです。

だからこそ、簡単に内部留保の持ち出しなど考えずに、余裕のあるうちに小さなことにもリスクヘッジをしておくべきなのです。

内部留保：話題展開例

営業：社長、どんなに内部留保が潤沢でも、簡単に内部留保を持ち出すなど絶対に避けるべきです。500万円の損失が発生したとして、それが内部留保の吐き出しになるとしましょう。500万円といっても、売上高当期純利益率5％の商売で、1億円の売上が必要なのです。5％の利益率を稼げる会社というのは、相当高収益の会社です。普通は1％も厳しいのが現実です。もし1％だったら、5億円の売上が必要なのです。大変な金額ですね。

営業：それだけ苦労して積み上げられる内部留保ですから、絶対に掃出しなど考えるべきではありません。やはり、きちんと必要なリスクはヘッジをされるべきではないでしょうか。内部留保の使い途は、あくまでも社長様の退職金などに充てる資金と考えるべきではないでしょうか？

(11) 経営者にベクトルを合わせる魔法の質問「粗利」

経営者は利益について「粗利」をよく使います。つまり売上高総利益です。製造業であれば、売上から製品の製造にかかった材料費や労務費や外注費の費用である製造原価を差し引いた利益です。建設業であれば、完成工事高から工事にかかった材料費・労務費・外注費等の完成工事原価を差し引いた利益のことです。

粗利とは、商売の根本的な稼げる力で「何らかの理由で粗利益率が下がると簡単には戻せない」ものです。経営者は、常に粗利の絶対額と売上に対する利益率を気にしています。毎月の固定費を賄うだけの粗利を稼げているか、粗利益率は落ちていないかを心配しながら毎日の経営を行っているのです。

これまで「もしも何かあったら」経営者は、まず取引先との信頼関係に真っ先に意識が行くと同時に、粗利に対する影響を意識して「こりゃ、やばいぞ」と両面を心配します。

粗利の基本的なロジックは「単価を上げる」か「原価を下げる」です。非常にシンプルに考えなら「安く買って高く売る」「安く造って高く売る」となります。

安く買うには「仕入れの力」が問題になります。どれだけ良い品物を安価に仕入れられるか、流通業なら「バイヤー」の腕の見せ所です。材料や商品を仕入れている担当者は誰か、なぜ安く仕入れられるのか、「ヒトと術」を明らかにすれば、会社の強みも分かるし商流の重要な要素も出てきます。それは、特に影響が大きい事案につながってきます。同時にリスクマネジメントの観点からも、極めて大事な視点になってきます。

一般的に仕入担当は、収益構造で最も重要な原価要素を担いますから、企業ではかなり力のある人間が担当しています。中小企業では「社長の顔で、安く良いものを引いている」と言われるように、社長が担当しているケースが多いと言えます。もしくは力のある仕入担当やバイヤーが存在しているものです。

安く造るにも、生産性の高い設備を所有していたり、製造工程や生産管理で優秀な担当が存在する、また安価で生産性の高い外注先を確保できているなどがポイントになります。それらのカギを握っている人物が会社にはいるのです。これも社長が担当していたり、社長の顔でつながっていたり、片腕である工場長などの重要人物が存在しています。

一方、高く売るためには、付加価値の高い商品開拓や製品開発・製造ができるヒトと設備を持っているか、付加価値の高いマーケットの開拓や価格をコントロールできる強い交渉力や顔が利く人物が存在しているものです。いずれも、商流上の重要な企業としての強みであり、同時にリスクマネジメントの観点でも、極めて重要な視点になってきます。

☞粗利：話題展開例①

営業：社長、一つ教えてください。どこの社長様もよく「商売は粗利だ」とおっしゃるのですが、やはりそういうものですか。

営業：例えば社長様のようなご商売で、仮に粗利が1％でも改善するなら、何が決め手になるのですか。材料をまとめ買いして原価を下げるとか、相見積りをとって仕入先・外注先に競争原理を導入するなどは考えられませんか。

営業：そもそも、経営で仕入れは最も難しいと聞きますが、社長様が仕入先や外注先の選定や管理をされているのですか。どなたか信頼できる人に任せているのですか。仮に社長様が担当されているなら、社長様に何かあり仕入れができなくなったら、粗利にも相当影響出てきますね。そんなときに備えて、お金の面も含めたリスクヘッジは、どのようにお考えですか？

☞ 粗利：話題展開例②

営業：社長、一つ教えてください。どの社長様もよく「商売は粗利だ」とおっしゃるのですが、やはりそういうものですか。

営業：やはりそうですか、社長様のようなご商売で仮に粗利が1％でも改善するとすれば、何が決め手になるのですか。例えば、現在の生産設備をさらに生産性の高いものに更新することで原価を下げるなどは考えられませんか。ただ、新しい設備の導入は資金的な問題もありますから、そう簡単には判断できないですよね。逆に、粗利は生産設備などに何があると悪化するんですか。その場合に対する備えなどは、どのようにお考えですか？

(12) 損益分岐点と保険営業への現場活用法

先ほど、経営者とベクトルを合わせる視点として粗利について説明しました。ここでは、プロの金融営業としての尊敬と感心を得られる切り口を紹介します。同時にリスクマネジメントの話を切り出すのであれば、最も効果的な話題として活用できると思われます。それは「損益分岐点」を活用した切り口です。

損益分岐点とは、経営上の採算ラインです。つまり損益分岐点を下回れば「赤字経営」になってしまいます。上回って初めて「黒字経営」となります。別の言い方をすれば「収支トントンライン」です。

〈損益分岐点の算式〉

「固定費÷限界利益率＝損益分岐点売上高」

「限界利益（売上高－変動費）÷売上高＝限界利益率」

損益分岐点を検討するには、費用を「固定費」と「変動費」に分ける必要があります。これを「費用の分解」と言います。

固定費とは、売上がなくてもかかる費用のことで、一般的に正社員の固定給や法定福利費・家賃・通勤交通費の定期代・光熱費の基本料金や固定資産税などです。これに対して変動費は、売上に準じて発生する費用です。製造業であれば材料費や外注費、流通業であれば仕入れた商品や販売手数料・マージンなどです。

実は固定費と変動費の分解は非常に難しいとされています。すべての費用が固定費と変動費に分解されるからです。例えば、同じ人件費でも固定給は固定費ですが、残業代は変動費ですし、通勤交通費の定期代は固定費ですが出張などの交通費は変動費です。

したがって、現場では大雑把な話法を展開します。例えば「毎月絶対かかる経費はどれくらいですか？」あるいは「社長様のところは、従業員も多いですし事務所も広いですが、月の固定費はいくらくらいですか？」

そして変動費については「社長様のようなご商売ですと、売上から材料や外注費でどのくらい持っていかれるんですか？」などの質問をすることがポイントですが、いきなり限界利益率をヒアリングしても問題ありません。

限界利益率は、損益分岐点の計算で示しましたが、売上高から変動費を差し引いた利益のことです。これは「商売の基本的な儲け率」と考えても問題ありません。一般の経営者であれば、必ず粗利と同じくらい意識しているものです。

製造業や建設業では売上原価である製造原価や完成工事原価に、工場労働者の給料や職人や現場監督の人件費等が固定費に該当するため、「粗利≒限界利益」とはなりませんが、中小企業の場合は限りなく「粗利≒限界利益」になります。

(13) 損益分岐点を活用した話題展開例

したがって、ヒアリングは次のように展開します。

営業：「社長様のような商売ですと、売上の何割くらい儲けが取れるのですか？」

社長：「何だい儲けって？」

営業：「限界利益率と言います。売上から材料費や外注費を引いた儲け率のことです」

このように答えれば、問題なく限界利益率が返ってくると思います。ヒアリングのポイントとして、固定費は月間の固定費を質問することです。理由として、中小企業の経営者は日頃、月間固定費を賄えたかを気にしているのです。

「うちの会社は、月にこれぐらいの売上がないとやっていけないんだ」常に月間の固定費を意識して「今月は大丈夫だ！」と安心したり、「今の売上だと、穴があくな」と固定費の不足分を意識して「来月取り返せるか、何で不足分を埋めるか」と心配したりしているものです。したがって、損益分岐点も月間ベースで質問を展開することが、経営者の日頃のベクトルに合ってくると考えられます。

経営者が常日頃から一番気にしている数字は、毎月の売上と固定費の関係である「月間損益分岐点」なのです。

そしてここに、リスクマネジメントを展開できる最高の切り口があるのです。

☞損益分岐点：話題展開例①

営業：少し教えていただきたいのですが、社長様のようなご商売ですと、売上から材料費や外注費を差し引いて、半分くらいは儲けが取れるものですか。
社長：そんなに取れるわけがないでしょう。
営業：そうですか。やはり3割、4割という感じですか。
社長：まぁ、そんなものかな。
営業：では、仮に4割として、社長様のところは事務所も広いですし、社員さんの人数も多いですよね。月間の固定費はいくら位かかっているんですか。
社長：2000万円くらいかな。
営業：やはりかなりかかるものですね。ということは、社長様のところは月間の損益分岐点は5000万円ということになりますね。
(月間固定費2000万円÷限界利益率40%=月間損益分岐点5000万円)
社長：まぁ、そんなものかな。
営業：5000万円といっても、大変大きな金額ですね。仮に、商売上どんなことがあった場合に、必要な月間損益分岐点の5000万円を下回るのですか。例えば、社長様が仕事に関われないような事情が発生した場合は当然だと思うのですが…。
社長：そりゃそうだよ。他にもいろいろあるよ。
営業：そうですよね。その場合の対策や準備というのは、どうされているんですか。万が一に備えた準備を、少し検討されてはいかがでしょうか？

損益分岐点：話題展開例②

（前段の会話を引き継いで）
社長：まぁ、そんなものかな。
営業：5000万円といっても大変大きな金額ですね。仮に社長様が仕事に関われなくなったら、売上も厳しくなって、損益分岐点を下回ってしまいますか。
社長：それは当り前じゃないかな。
営業：半分ぐらいになってしまいますか。
社長：そこまでは落ちないとは思うけど、2割から3割は落ちるね。
営業：仮に3割落ちたとして、月間損益分岐点を1500万円ほど下回ってしまいますから、固定費を600万円ほど賄えない赤字の状態になってしまいます。その状態が6ヵ月続いたら3600万円の穴があくということになりますね。せめてその程度を想定した、リスク対応の準備をされてはいかがですか？

(損益分岐点を下回る金額5000万円×30％＝1500万円×限界利益率40％＝固定費を賄えない金額600万円×6ヵ月＝6ヵ月で赤字が発生する金額3600万円)

第3章　事業承継対策と保険の活用

1. 事業承継対策と保険の必要性

(1) 事業承継対策で一番大事なこと

事業承継対策で必ず出てくるのが自社株の問題です。確かに上場企業の株式のように売買できないこともあり、内部留保が厚くなるほど評価も上がってしまい、相続などではその処置と税金の問題で頭を悩ませるものです。しかし、現役の経営者はもっと悩ましい問題を抱えているのです。

それは「事業（仕事）の継承」です。特に社長が創業者の場合、社長の能力や人間関係・経験が積み上げられてきていますから、「代わりがきかない」ことがよくあります。だからこそ承継が難しいのです。仕事を上手くやっていける後継者がいるか、同族企業の場合は、社長の親族を後継者にしたいなどの制約が発生しますから、ますます難しいのです。

一方で中小企業では、同族以外の役員や社員に後継を託したいと思っても、任せられるような人材がいないことも多く、事業の継続は最大の課題になってきます。場合によっては、事業を自分の代で終わらせることも考えざるを得ないでしょうし、事業を売却するという判断もあるでしょう。

金融業界の営業はどうしても「事業承継＝お金の心配と問題」と考えがちですが、お金の問題以前として「事業をどのように継承するのか」「事業を継承するには、商流と人の面で何が難しく大変なのか」「廃業するのか、売却するのか」など、社長としてどんな考えや悩みがあるのか、その想いをヒアリングすることが先決です。

そういった意味で上手なヒアリングの切り出しとしては、商流にスポットライトを当てることです。その延長で、結果としてお金の問題が付いてくると考えるのです。

☞事業承継対策：話題展開例

営業：最近よく後継者問題や事業承継問題がマスコミなどで採り上げられていますね。事業承継というと私たちはお金の問題と考えがちですが、お金以上に仕事そのものの引継ぎが難しいと、ある経営者にお叱りを受けたことがあるのですが、やはり社長様のところもそうですか。

社長：そりゃそうだよ。

営業：では、社長様のところで経営上最も難しい点はどのようなことですか。また、その対策などは何か実施されていますか。先ほどから事業承継はお金よりも商流と人の問題が優先されると強調してきました。ただ、当然ながらすべての事項にはお金の問題がついてきます。事業を承継するにしても、軌道に乗るまで潤沢な資金があれば安心ですし、後継者に負担をかけないように借入金の返済資金も準備しておけば、後継者も気持ちが楽になるのではないですか。

営業：また自社株の処置をしておかないと、莫大な相続財産として評価され、多額の相続税を支払うことにもなりかねません。「後継者の事業を続けることへの安心と安全」を手助けできる点でも保険の意義があるのではないでしょうか？

(2) 事業承継に必要な真水のお金

繰り返しますが、事業承継対策で最も大事なことは、お金以上にスムーズな経営と商流の継続です。そのうえで必要になるのはお金の対策です。それは、事業を継続させるために必要な資金、継承者とその家族の生活も考えた退職金や弔慰金、後継者など被相続人が支払うべき納税資金など様々です。

なかでも優先順位が高く、事業承継対策でまず準備するべきは「ある一定期間、後継者がお金の心配をしないで本業に邁進できる環境を作ってあげること」で、そのための備えが優先されます。特に先代からの後継は、すべての点で先代の力量に左右されていることが一般的です。それでなくても不慣れな環境や人脈で苦労し、事業を上手く進めることだけで精一杯なうえにお金の心配まで加わると、精神的に相当追い詰められることが想定され、事業の継続もままなりません。

お金の心配とは、具体的には**図表10**の「必要保障額の算出根拠」で示した「出ていくお金を埋められない赤字資金＋利益償還条件の借入金の返済資金」、さらに付け加えるとすれば「設定した一定期間に必要な設備投資資金」です。

これらのお金は、「真水のお金」で手当てすることが大事なのです。その真水のお金こそ「保険」で手当てすべきなのです。

(3) 事業承継と自社株対策

事業承継というと、代表的な問題として自社株対策があります。自社株をどのようにして後継者に引き継ぐか、同時に相続対策として、株価の価値をいかにコントロールして相続税の支払いに備えるか、自社株は上場企業の株式とは違って市場における流通性はないですが、価値は他の換金性の高いものと同様に評価されてしまうため、最も厄介な資産となるのです。

図表２０：自社株対策の話題展開

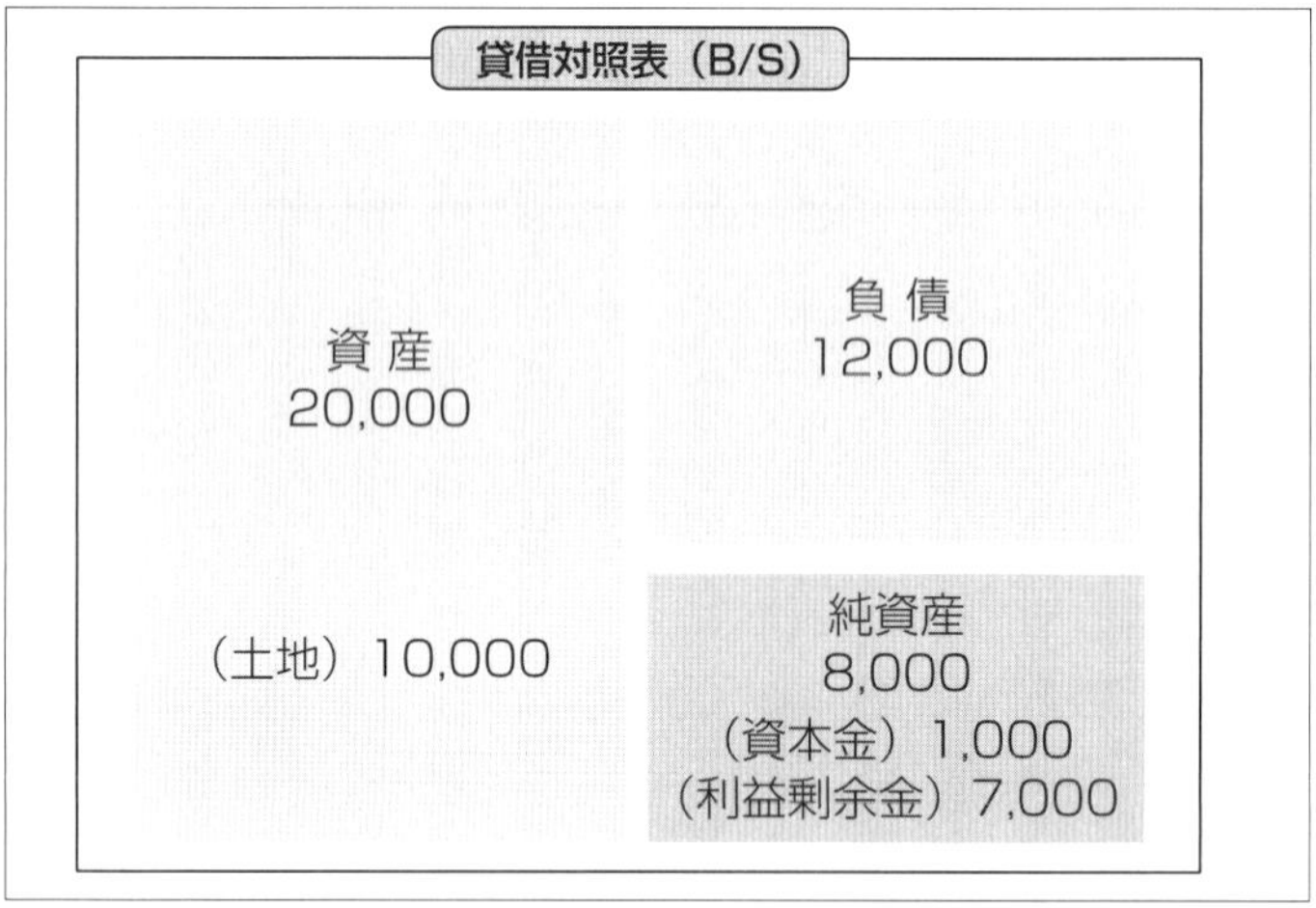

事業承継を円滑に進めるため、納税猶予制度などの措置が設けられ、以前よりは対策を立てやすくなってきています。しかし、制約もあり相続対策としても重要なテーマであることには変わりありません。

自社株の評価は「純資産価額方式」や「類似業種比準価額方式」「配当還元方式」により価値計算を行いますが、決算書や詳細な情報を得ないと正確な計算は困難です。そこで、ここでは特定の情報に目を付けて簡便的に計算をすることで、自社株に対する問題意識とリスク喚起を促し、保険の活用などを含めた対策の切り口を説明します。

目のつけどころは「純資産価額方式」による評価で展開をすることです（図表20）。

１つ目は、貸借対照表の純資産項目である「資本金」と「利益剰余金」に着目して、資本金の何倍の利益剰余金が積み上げられているかを確認し、現状の株価を単純に純資産で考えた場合の問題点を指摘して、正式な株価算出と対策に誘導する方法です。

２つ目は、所有資産の「土地」「投資有価証券」に着目して、その含みが与える自社株評価への影響を指摘して、前述同様に正式な株価評価と対策に誘導する方法です。

☞自社株対策：話題展開例①

営業：社長、こちらのバランスシートを拝見すると内部留保の積上げも順調で、大変素晴らしいですね。ところで、資本金1000万円に対して利益剰余金が7000万円もありますから、単純な純資産価額で株価は8倍になっています。株式は、社長様が何割お持ちでしたか、もし多額の株式を所有されているのなら、何らかの対策を立てないと大変なことになります。一度正式に株価を計算されてはいかがですか。私どもの専門スタッフがお手伝いさせていただきます。

☞自社株対策：話題展開例②

営業：社長、本社の土地はいつ頃取得されたのですか。かなり前だと相当の含みがあるのではないですか。もし路線価ベースで1億円でも含みがあれば、自社株の価格に大きな影響を与えます。資本金は1000万円でしたね。しかし、この土地の含み益だけでも株価は約7倍の7000万円以上で評価されてしまいます。（純資産価額方式の含み資産の63％が株価に加算）一度正式に株価の評価をされてはいかがですか。私どもの専門スタッフがお手伝いさせていただきます。

(4) 経営者の考える節税対策の優先順位

「利益が好調であれば、社長様の退職金の準備も兼ねて、保険を活用した節税対策や利益の繰り延べを検討されてはいかがですか？」

筆者もこのようなセールストークをされることがあります。しかし、経営者が節税対策を考える場合、保険やオペレーティングリースなどの商品で節税を検討するのは、過去にそれらの商品で節税した経験のある人です。そこで、経験がなければ違う視点が優先されると考えます。

では、業績好調で相応に税金の支払いが想定される場合に、経営者が何を考え税金とどう向き合うのかを考えていきます（図表21）。

「今期はかなり利益が出そうだな。このままだと相当税金を払うようになるな」と経営者が考えた場合、真っ先に「今後想定される設備の更新や、いずれ必要になる設備投資を前倒しでやれないか」と考えます。それは「償却効果」を狙ってのことです。

いずれやらなければならない設備の更新や、余裕があるときにやるべき生産性・収益改善に結びつく設備投資をして、キャッシュの支出にならない「減価償却費」を増やし、実質的な節税効果を得ようとするのです。

中小企業なら、２０１８年度の税制改正で2年間延長された、30万円以下の資産については３００万円を上限に一括で損金に計上できる「少額償却資産の損金算入の特例」などをまっ先に考えるでしょう。

このほかにも設備投資に関係する優遇税制が、経済対策として毎年のように税制改正の目玉として登場するので、経営者にとっては保険を活用した節税対策以上に優先的な関心事として存在していると考えるべきです。

したがって、金融機関のプロとしては、税制改正や税制全般にも精通する必要がありま

図表２１：節税対策の優先順位

経営者の考える節税対策

社長の頭の中

①減価償却　（明日の商売に結びつく設備投資をした）
②戦略的な経費の支出
（広告宣伝費・研究開発費等）
③保険

保険の見直しが一番ではない

すし、そのような情報には敏感なアンテナを立てておく必要があるのです。

次に考えるのは「戦略的な経費の支出」です。これは「今期かなり利益が出そうだな」と考えた場合、短期的・中期的にリターンが期待できる経費にあえて出費するのです。

例えば、「今のうちに広告宣伝を増やしてマーケットを拡大しよう」「今こそ研究開発費に資金を投下して新製品開発を加速させよう」「接待交際費などの営業経費を増額して営業力を強化しよう」「営業報奨金などを増やして社員のモチベーションを上げよう」

など、実際に費用としてキャッシュを使用するのですが、当然費用対効果が期待できるものに儲け分を振り向けながら、節税対策として効果も得られると考えるのです。そして、その次に保険やオペレーティングリースなどの節税対策や利益の繰り延べを狙った金融商品を検討するのが一般的な経営者目線です。

ただし、節税対策や利益の繰り延べには、特に保険が有効と考えます。設備投資といっても必然性があるものなら問題ありませんが、必ず時期が合致するとは限らないうえ、ムダな設備を増やすわけにもいきません。また、ある程度余裕のキャッシュがないと判断が難しくなります。

戦略的経費の支出にしても、費用対効果が確実に見込まれるのであれば問題ありませんが、あまりに不確実なものにはお金を使うことはできません。したがって、説明した節税の順番については、経営者が本来あるべき姿として持っている常識とも言えるのです。

これに対して、保険は確実に数字が見込めること、受取保険金でも解約返戻金でも、得られる利益とキャッシュが計算できることが強みです。

企業経営をしていると「利益が欲しい局面とキャッシュが欲しい局面がある」というのはすでに説明した通りです。また、様々なトラブルや急な景気減退により、収益的にも資金繰り的にも窮地に陥る場合に十分な内部留保とキャッシュを持ち合わせていなければ、簡単に経営が行き詰ってしまうということも説明しました。

したがって、経営基盤の弱い企業ほどイザというときの「益出しの材料とキャッシュの復元の材料」を持っておくべきなのです。その手段としての保険は、確実性という点から最も適した材料なのです。

当然、経営者により考え方も変わります。前記で説明した順番が変わることもありますし、税金を払って会社の内部留保を積み上げながら、会社としての財務的信用を向上させたいと考える社長もいます。

また、中小企業では現状の税制で８００万円までの課税所得に対しての法人税（国税）に軽減税率（時限立法：現行19％→15％）が適用されていますから「８００万円までなら税金を払って会社に残してもいいか、８００万円を超える課税所得に対しては税金対策をするか」と考える経営者も多くいるのです。

2. 節税対策と保険活用のトーク展開

(1) 保険活用と具体的な話題展開法・その1

「保険を活用した節税対策を提案して、具体的に契約の段まで話が煮詰まってきたが、ぎりぎりになって経営者から顧問の税理士先生に相談しておくよ、と言われ結果として成約に至らなかった」というケースは多くの営業担当者が経験しています。これは、担当者のアプローチにも問題があります。

そもそも「保険を活用した節税対策」を積極的に勧める税理士は、自身が保険の代理店を行っていると思われます。そのような環境にない税理士は、むしろ経営者にブレーキをかけることが一般的です。「保険を活用した節税対策や利益の繰り延べは、悪い話とは言いませんが、節税効果は1年2年の話ではないですよ、4年5年節税できるだけの利益を稼ぐことが前提になりますから、慎重に判断するべきではないですか？」といった言葉で経営者に慎重な対応を求めてくるケースが多いでしょう。

これは、節税対策には税務署が関係してくるからです。税務署から節税対策を指摘されたくないため慎重になるわけです。それ以上に「税理士に相談しておくよ」と言われた営業担当者にも問題があると言わざるを得ません。それは「節税対策と言っているけど、本当に節税対策に精通しているのか、ただ保険だけを売りに来ているだけじゃないのか」と疑われたことです。

実は経営者にとっても節税対策は簡単に判断できる話ではありません。税務署に指摘されたときの煩わしさとともに、税務署の心証が悪くなるのではと不安も抱いています。したがって、節税対策のイロハも分かってない営業の話には慎重に考えざるを得ないのです。
そこで、経営者目線の節税対策について分かったうえで、あえて話をしている旨のメッセージが必要なのです。そのポイントは「減価償却」にあります。

節税対策：話題展開例①

営業：社長、近いうちに設備投資のご予定とかはございますか。
社長：それはどうしてかな？
営業：私も詳しくはないのですが、先般ある社長様と面談した折に「今期かなり利益が出そうだ、そこで来期予定している設備投資を今期前倒しで実施する。そして減価償却負担をあえて増やして少しでも税金を減らす」という計画をしているとのことで、社長様のところも利益好調だと聞いていましたから、前倒しで設備投資をされるのではないかと思ったのですが…。

以上の質問は、節税対策における経営者目線の優先順位を理解したうえでのメッセージを込めた話題展開です。設備投資の判断は慎重にする必要がありますし、まして中小企業では案件も少なく簡単にはできないのが実態です。「そんなこと言ったって、うちみたいな会社で簡単に設備投資なんかできるわけがないでしょう」といった回答が返ってくる可能性が高いと言えます。

そこで、切り返しとして中小企業に必要な益出しの材料とキャッシュの復元の材料としての保険提案へ展開します。

節税対策：話題展開例②

営業：そうでしたら、税金の一部を社長様の退職金のご準備に回すとか、従業員様の福利厚生に充てるとか、もしくは本当に必要とされるリスクマネジメントの保障に振り向けられてはいかがですか。これだって利益を簿外へ避難させる、立派な内部留保の一環ではないですか。

営業：聞いた話ですが、経営を行っていると利益が欲しい局面やキャッシュが欲しい局面が必ずあるそうです。イザというときの益出しの材料とキャッシュ復元の材料として保険は最適です。保障は簿外に内部留保をすることでもあるとまで言われました。ぜひご検討ください。

以上の会話は、保険で保障を買う行為が、受取保険金や解約返戻金が、一種の内部留保と考えるべきであると訴求しています。損失を埋めるという視点で考えれば、税引前の利益剰余金を積み上げている効果と同様だとも考えることができます。

(2) 保険活用と具体的な話題展開法・その2

最近の税制改正では「法人減税・個人増税」の傾向が顕著です。特に個人の所得税の最高税率は45%で、地方税まで入れたら約55%になります。また所得控除も徐々に下げられてきており、所得金額によってはゼロにするという話まで出ています。

したがって、高額な所得を得ている経営者は、真剣に役員報酬のあり方を考える必要があります。同時に法人が減税されている現状なら、個人で所得を得るよりも会社に残すことや、将来の退職金に回した方が得策との考え方もあります。

現在の税制でも退職金は「退職所得控除」など税制上優遇されているので、保険を活用して退職金に所得を振り向けるというのは、オーソドックスですが有効と考えられます。

また、所得税対策としては「所得分散」も考えられます。同族企業なら、親族を事業に関わらせて報酬を支払い、一族の収入を増やすことを考えるわけです。

現在の個人の所得税率を考えると、法人税の実効税率29・74%と比較して課税所得は

３３０万円超で20％、９００万円超では33％にもなりますから、地方税の約10％を加えると法人税と比較できないくらい税負担は重くなっています。

したがって、一般的に給与所得を１０００万円以上受け取っている経営者は、所得の分散や退職金の活用などを考えるべきなのです。

☞役員報酬と所得税：話題展開例

営業：最近の税制改正を見ていると、「法人減税・個人増税」という傾向が鮮明になってきています。法人の実効税率が30％を下回っているのに、個人の最高税率は地方税も入れると約55％にもなります。そこで、所得分散をするか役員報酬分を税制面で優遇されている退職金で受け取る方が賢明ではないでしょうか。それには、法人税の税金対策も兼ねた保険の活用が有効だと考えますが、いかがですか？

(3) 保険活用と具体的な話題展開法・その３

従業員に対する福利厚生面での施策には、健康保険や厚生年金などの社会保険制度への加入は当然として、他にどのような制度を導入しているか、様々な制度や施設を持ち合わせている大企業と異なり、中小企業では、企業の規模や経営者の考え方で大きく差があるのが現状です。

中小企業は、厚生年金基金や法人会などの加盟機関が契約している施設を共同で利用する仕組みを活用しているのが一般的です。

退職金制度でも、多くの企業が中小企業退職金共済（以下、中退共）に加盟しています。業歴が古く以前から中退共に加盟している企業なら、相応の準備もできており、加算分を他の保険等を活用して準備しているケースも多くあります。

つまり、中退共だけでは、大企業のように退職金を準備することが難しいとも言えるのです。ただ、起業間もない中小・零細企業では、業績も不安定で資金的な余裕がないため、中退共に加入することすら躊躇してしまいます。

筆者の場合、仕方なく退職金の支払いを想定し、従業員が3人であれば「1万円×3人＝3万円」といった預金を毎月積み立てて準備したりします。なぜ積立預金かというと、退職金目的で積み立てた預金であっても、本当に資金繰りに困った際に取り崩すかもしれないからです。

そして、経営的に安定してきてから中退共へ加盟しました。しかし、最初のうちは一人数千円からのスタートで、徐々に増額していくやり方でした。つまり、しっかりとした退職金制度がない場合、勤続年数や評価制度に準じて支払額を設定していない場合もあります。当然、起業時点からしっかり制度設計してスタートする経営者もいますが、同族企業などでは、行き当たりばったり的な経営が多いとも言えます。

そして中退共の最高拠出額が月額３万円です。ですから、最高額を拠出しても年間36万円、10年間で３６０万円となります。拠出額が勤続年数により増額されるのが一般的ですから、さらに拠出額が少なくなってしまうことが想定されます。したがって、中退共だけで満足な退職金を準備できているかは疑問です。ですから、早い段階で中退共に加盟することが必要なのです。

退職金の支払い段階で中退共にプラスして支給することになるため、業績次第では負担になり、最悪の場合、支給を見送らざるを得ないこともあります。やはり退職金は早い段階からの準備が重要になります。

そんな退職金準備の手段としての保険の役割は大きいと考えるべきですし、躊躇したり慎重すぎる経営者の背中を押してあげて、早期の準備を促してあげることも、保険会社としての使命ではないかと考えます。

☞福利厚生：話題展開例①

営業：中小企業の退職金といえば「中退共」が基本だとよくお聞きしますが、社長様のところも加入されているのですか？

社長：一応入っているよ。

営業：ですが、中退共は、どんなに多く掛金をかけても月額3万円が上限です。3万円でも本来経営者が払ってあげたい金額に届くには、長い期間も要します。結果として、退職金を支給するときに差額分を負担したりしますが、業績によっては難しかったりもします。やはり早期にご準備される必要があるでしょうし、社員の定着率向上や採用のアピール材料として、中退共以外でも準備を制度化することも必要ではないかと考えますが、どのようにお考えですか？

営業：また労働災害の問題も、あまり考えたくはないテーマですが、どんな仕事でも交通事故を含めた労働災害のリスクを抱えています。労働災害への準備といえば「労働保険」が一般的ですが、実際労災が発生した場合に、従業員へのケアや補償では十分カバーできないことが多いですし、大切な従業員や家族の生活を考えた場合、ある程度補完する任意労災への加入などの制度を準備する必要があると考えますが、いかがですか？

☞福利厚生：話題展開例②

営業：労働災害はあまり考えたくないテーマですが、避けて通れない問題でもあります。一般的に公的な労働保険でリスクヘッジしているわけですが、実際に事故等で労災が発生した場合、認定には相当の時間を要するようですし、まして従業員の家族の生活まで考えると、十分ではないのが実情です。大体多額の補償や賠償まで発生して、多額の費用負担を負わざるを得なくなったという話も聞いています。そんな経験は社長様のところではございませんか。

営業：心配していたらきりがないのも事実ですが、最低のコストで備えをしておくことで、従業員様の労働環境に対する安心感や充実した福利厚生を提供することも、良い人材の採用や定着率の向上につながってきますね。

第4章　業種別・商流の特徴と経営者の関心事

これまで経営者に求められるリスクマネジメントの基本的な目線や考え方を説明してきました。

「会社や社長様に、何かあったらお金大変ですよね」との切り口で話を持ち出すと、必ず警戒されたり、セールスをブロックされたりします。それは保険会社や銀行等の金融機関は「お金」を商売としていることを知っているからです。

再三申し上げますが、経営者にとってお金はあくまでも「結果」です。まず優先されるベクトルは「商流」にあります。業務の遂行や取引先との信頼関係に、どのくらい影響が出てくるのかを心配するのが、当然のプライオリティです。ただし、同時並行程度でお金に対する現実的な対応や計算と心配が交錯することは事実です。

したがって、話の順番としては経営者の最大の関心事である商流への影響をヒアリングし、経営者とベクトルを合わせてお金の問題に言及していけばよいのです。

ここまで、一言で「商流」と言ってきましたが、より具体的に展開しないと案件にはつながってきません。そのため、より具体的で経営者の関心事に響く話題展開方法を解説していきます。

実は業種によって、経営者に関心が高い事項というものがあります。言い換えると「経営者の心に刺さる言葉」があるのです。

「少しはうちの業界のことを勉強しているな」「なかなか気のきいたことを聞いてくるじゃないか」と言わしめる、重要キーワードというのがあるのです。基本は前段で申し上げましたが「商流」の重要事項が決め手となってきます。

ただし、業務フローや業界に関係する法務・税務などの細かい情報提供が目的ではなく、あくまでも業種別の商流に関係する経営者の重要な関心事が中心と考えてください。

ポイントとしての会話の狙いは、次のようなものです。

第１「業種別の重要キーワードの投げかけで経営者から小さな関心を獲得する」
第２「重要キーワードに関する商流上の重要要素をあぶり出す」
第３「重要キーワードに関する重要人物の特定をする」
第４「重要キーワードに何かあった場合の影響をあぶり出す」
第５「防衛と改善に対するテーマをヒアリングする」

特に、商流上の「重要要素と重要人物」を明らかにできれば、それこそが経営者の最大関心事でもあり、同時にリスクマネジメント上の対処すべき優先事項でもあるのです。

1. 製造業

(1) 製造業の経営者の関心事

製造業といっても様々な業態があります。完成品を製造している会社もあれば、部品を作っている会社もあります。車を製造している会社もあれば、食品を作っている会社もあります。また、自社製品を製造している会社もあれば、大手の下請けをしている会社もあるのです。

ここでは、大きな枠組みを「エンドユーザーに直接販売している製造業」と「大手の下請けをしている製造業」の2つのパターンをイメージして説明していきます。

一般の個人や企業に向けた完成品を、直接もしくは間接に製造・販売している経営者であれば、最大の関心事は「ユーザーのニーズ」であり「自社製品の市場における評判」でしょう。

いわゆる製品の売行きです。どうしたらライバル企業の競争にも勝てる、もっと売れる製品を提供できるのだろうかと。

中小企業の製造業で中心となる大手企業の下請けなど、一部の部品もしくは完成品の製造や加工を行っている製造業であれば、元請企業からの今後の発注見込みや、納めた製品の評価を常に気にしながら経営をしているでしょう。

当然、業態の違いや経営状態で経営者の関心事はまちまちですが、共通していることは、完成品にしても一部を担っているにしても、「モノ造り」の基本的な部分では同じ目線と同じ価値観を持っているはずということです。

最終的にはお客様や取引先のニーズや要望に応えて、喜んでいただける品物やサービスを提供していく仕事なのです。

したがって、製造業の経営者の関心事は、消費者や取引先の要望は何か、そしてそれに応えて会社の事業がより上手くいくにはどうしたらよいかなのです。同時にモノ造りという仕事の性質上、商流にリンクした流れで様々な悩みや苦労、そして自信や誇りも抱えています。

そして商流の具体的な各段階で、「カギになる重要人物」が存在しているはずで、「カギになる重要商流要素」があるはずなのです。そこにこそ、経営者目線にリンクしたリスクマネジメントの種が内包しているのです。

(2) 製造業の商流ステップ

①製品開発・顧客開拓

・顧客ニーズに応えられる製品の開発体制や、安定した受注を得られるだけの強力な営業体制を構築する。

②設備投資・人材確保

・生産に向けた体制構築として、設備投資や優秀な労働者を確保する。

③原材料・外注先確保

・安価で質の高い原材料や外注先を安定的に確保する（購買体制の構築）。

④生産体制・品質管理

・安定的で生産性の高い工程管理と品質管理体制を確立する。

⑤在庫管理・流通

・堅実な在庫管理システムと安定的な出荷・納品のロジスティクス体制を構築する。

⑥事務管理・内部管理

・堅実で効率的な請求業務・売掛金回収・支払業務外注費や買掛金支払・諸経費支払業務等の管理業務体制を構築する。

以上の各ステップにおける業務や体制に問題が発生した場合に受ける影響の大きさが、経営者が常に気にかけている商流上のポイントです。同時にそれぞれのステップで、誰がカギを握っているのか、業務遂行上何がカギになってくるのか、具体的な切り口をヒアリングできることが案件を引き出すカギにもなってきます。これについても、素直に教えてもらう姿勢を忘れないことも重要です。

(3) 経営者の心に刺さる「重要キーワード」

ここで説明してきた商流ステップには、経営者にとっての重要な関心事が存在しています。なかでも、特に製造業ならではの特徴的で重要な関心事があります。これを「重要キーワード」と称します。

●重要キーワードの1つ目は「納期」

製造業は、材料の仕入れから生産に一定の期間を要します。取引先と約束した納期を守れないと、信頼関係に支障を来し取引を解消されたり、賠償問題にまで発展することもありますので、納期については相当神経を使っています。

納期管理には、原材料関係の仕入れから生産・納品までの一連の流れにおける「ヒト・

モノ・カネ」の時系列的な計画と管理を行う必要があります。原材料関係の仕入れについては、生産計画に基づいて、購買担当者が材料切れなどを起こさないように、仕入先との契約や発注管理をする必要があります。

生産段階では、各工程における設備の稼働状況の管理や労働者の勤務体系などの生産能力を確保しつつ、一定基準以上の品質を保てるように管理する必要もあります。保管から納品までの過程では、一定の適正在庫を設定した厳格な在庫管理と、納品に伴う運搬業者の手配や自社配送の運行管理をする必要があります。

どの段階においても、少しでも不具合が発生して生産停滞や製品の欠品などが発生した場合は、納期遅れなどを引き起こし、信用問題に発展することがあります。

以上、説明してきた各過程段階での管理には、相当の経験やマネジメント力が必要になってきます。一般的に中小企業では、社長がすべての管理や指揮をしているか、片腕となる工場長などのベテランが担っているケースが一般的です。また、生産については重要な設備や熟練を要する技術者の作業がポイントで、これら設備や技術者に何かあると、生産計画が大きく狂い納期遅れを発生させたりします。

したがって、納期については「入り口から出口まで目を配り」トラブルのない生産体制を構築し、納期遅れなど起こさないことが、信用を得るカギなのです。

●重要キーワードの２つ目は「品質」

モノづくりに欠かせない条件は何といっても品質です。顧客が要求している品質を満たしているか、不良品や製品の不具合が発生したり、不良品率が高くなったりすれば、当然製造業で最も重要な信用を失ってしまいます。

品質を高めるだけでなく、一定の品質を担保する義務が製造業にはあります。言葉で言うのは簡単ですが、品質管理は納期管理同様に、原材料の質的なチェックから、製造過程でのラインの設備の稼働状況や労働者の作業状況など、一連の工程における厳格なチェック体制と工程管理が重要になってきます。

したがって、品質管理でも購買の段階から各生産工程の作業や設備を管理・指導する人物と設備などの要素があり、納期管理と同じで社長が行っていたり、工場長などのキーマンが存在していて、そんなキーマンに何かあると品質にバラツキが発生したり、不良率が高くなり返品率が上昇し、その結果信用を失ったりします。

よって、製造業における品質管理は信用維持の重要なカギになるのです。

●重要キーワードの３つ目は「技術」

モノづくりの命は技術と言われます。他社との差別化と取引先の信用や新しい取引先の開拓には、強みとなる技術として何を持っているかが重要になってきます。

常に技術を高めることや、新しい技術を開発することが大事ですが、それ以上に中小企業では品質管理にも通じることが必要で、一定の技術者を維持することが重要になります。しかしこれが難しいのが、モノづくり企業の現状でもあります。

技術を維持するためには、雇用している技術者の定着率を上げることと、後継者を育成・採用していくことになります。また必要な技術水準を維持する生産投資や設備のメンテナンスも重要になります。新しい技術開発を目指していくなら、相応の技術者の採用や育成がテーマになります。

したがって、優秀な技術者に何かあったり生産設備に不具合が生じた場合は、技術的な問題が発生し、納期・品質にも影響を与えるのが一般的です。

だからこそ、技術者の定着率を上げ優秀な技術者の確保ができる会社としての環境整備や、技術の向上や新技術開発に向けた体制づくり、また設備の更新などに目を向けていくことが、会社として生き残りと成長のカギになってきます。

(4) 重要キーワードからの話題展開

これまで説明した「経営者の心に刺さる重要キーワード」を活用して、リスクマネジメントにつなげていく話題展開の方法を考えていきます。基本的な話題展開のフレームワークは次の通りです。

（第１ステップ、第２ステップ、第３ステップ）

〈第1ステップ→重要キーワードで共感を得る〉

説明してきた経営者の心に刺さるキーワードを、あくまでも教えていただく姿勢で、「お聞きしたのですが」と間接的な質問展開をします。間接的な質問する利点は、ある第三者の話として持ち出すことによって、経営者を客観的な立場に立たせ、警戒心をなくして余裕を持って質問に向き合えるように設定します。

〈第2ステップ→重要人物、重要商流要素あぶり出し〉

重要キーワードから、それに対して成否や良し悪しを左右する重要な人物であるキーマンや、商流上のカギになってくることは何なのかを顕在化させる話法です。

〈第3ステップ→改善とリスクマネジメントへの展開〉

経営上で重要キーワードに関する、さらなる改善の切り口は何かと、リスク発生時の影響の大きさに対する共感を得て、リスクヘッジへの展開につなげる話法です。

☞製造業：「納期」話題展開例

第1ステップ→重要キーワードで共感を得る

営業：社長、一つ教えていただきたいのですが、「製造業の信用は納期にある。もし納期遅れでも起こしたら、取引を切られてしまうこともある」とお聞きしたのですが、そういうものですか？

第2ステップ→重要人物・重要商流要素あぶり出し

営業：やはりそうですか。しかし、納期といっても原材料の仕入れから、生産・納品と一連の様々な過程で、いろいろ難しいこともあるでしょうし、多種多様でしょうから、豊かな経験や高いマネジメント力が要求されると思いますが、社長様が対応されているのですか。それともどなたか信頼の厚い工場長とかいらっしゃるのですか。

営業：また、工程で納期に最も影響することはどんなことになりますか。例えば設備面とか人的な面についてはいかがですか？

第3ステップ→改善とリスクマネジメントへの展開
営業：社長様がご担当されているなら、今後社長様と同じようなマネジメントができる人材を育成していくことが、今後の成長の条件になってくるのですか。
営業：逆に、社長様が担当できないような事態になったら、納期にも影響する問題が発生することが予想されますか。
営業：あらゆる場面に備えた早めの対策と、リスクヘッジも検討されてはいかがですか？

製造業：「品質」話題展開例

第1ステップ→重要キーワードで共感を得る
営業：社長、一つ教えていただきたいのですが、製造業さんでは、お客様との信頼を維持する最も大事なことは、品質を守ることだとお聞きしたのですが、やはりそういうものですか？

第2ステップ→重要人物・重要商流要素あぶり出し

営業：やはりそうですか。品質管理では、材料の吟味や各工程での作業チェックなど、細かい点検を怠らない、厳格なマネジメント力が決め手になってくるのですね。一連の管理関係は経験とか人望も必要ですから相当難しいと思うのですが、社長様が担当されているのですか、それともどなたかに任せているのですか。

営業：また工程のなかで、品質に最も影響することはどんなことになりますか。例えば設備面とか人的な面についていかがですか？

第3ステップ→改善とリスクマネジメントへの展開

営業：社長様が、ご担当されているということであれば、社長様と同じようなマネジメントができる人材を育成していくことが、今後の成長の条件になってくるのですか。逆に、社長様が担当できない事態になり、不良品の発生などがあれば、お客様との信頼関係も壊れてしまうことも考えられますが、そうなったら大変ですね。

営業：あらゆる場面に備えた早めの対策と、リスクヘッジも検討されてはいかがですか？

☞製造業：「技術」話題展開例

第１ステップ→重要キーワードで共感を得る

営業：社長、一つ教えていただきたいのですが、製造業さんでは、何といっても成長の条件は技術力だとお聞きしたのですが、やはりそういうものですか？

第２ステップ→重要人物・重要商流要素あぶり出し

営業：やはりそうですか。新技術の開発も大変だと思いますが、技術を維持することも相当大変で、日頃からの旺盛な探究心と厳格なマネジメントが決め手になってくるのでしょうね。

営業：技術関係の責任は、相当の経験や実績を積み上げてこられた人が担当しないと難しいと思いますが、社長様が担当されているのですか。それともどなたかに任せているのですか。

営業：また、技術力を維持したり技術開発で必要な要素はどんなことですか。例えば設備面とか人的な面ですと。

第3ステップ→改善とリスクマネジメントへの展開

営業：社長様が、ご担当されているということであれば、社長様と同じようなマネジメントができる人材を育成していくことが、今後の成長の条件になってくるのですか。

営業：逆に、社長様が担当できないような事態になったら、新技術の開発どころか、現状の技術を維持することも難しくなり、お客様を失うことにもなってきますね。企業の存続にも関わりますので、そうなったら大変ですね。

営業：あらゆる場面に備えた早めの対策と、リスクヘッジも検討されてはいかがですか？

2. 建設・土木業

(1) 建設・土木業の経営者の関心事

建設業では、ビルやマンションなどの建設を請け負う大手のゼネコンなどがその代表的なものです。また、個人向けの一戸建てやアパートなどを建設・販売している建売業者やハウスメーカーなども含まれます。そして、大手のゼネコンやハウスメーカーなどから、基礎工事や躯体工事・電気設備工事などを請け負う下請け業者が、建設業界では一番多く存在しています。

同様に土木建設業でも、公共事業を中心とした道路工事や上下水道工事・橋梁工事などを請け負う大手のゼネコン、その下請けで仕事を担う中小の土木建設業が最も多いといえます。地方などでは大手が手を出せない小規模の地場の公共事業に中小・中堅が入札参加している中小企業もたくさんあります。

建設業や土木業では、元請か下請けか、公共事業が中心か民間工事が中心かによって、商流やお金の受け渡しなどでも違いが出てきます。

大手のゼネコンなどでは、工事代金は手付金・中間金・完成引渡金の３段階での支払いが一般的ですから、資金的に余裕が出ますが、下請け業者は掛けか手形が中心で、大工や職人への支払いは現金ですから、資金繰りに苦労する場合が多いでしょう。

一般的に大手の企業には、職種別に多くの企業がピラミッド構造的にぶら下がっているのが、建設・土木業界の特徴です。ここでは、まず一般建設業の設計から完成引渡しの流れを説明しながら、経営者の関心事を考えていきます。

〈建設業の代表的な仕事の流れ〉

第1ステップ：プラン検討・工事請負契約

第2ステップ：詳細設計・建築確認申請

第3ステップ：基礎工事

第4ステップ：躯体工事

第5ステップ：内装設備工事（電気・水道等）

第6ステップ：外装・外構工事

第7ステップ：完成引渡し

(2) 建設・土木業の商流ステップ

①顧客開拓営業・入札

・公共事業への入札参加や、工事案件の情報収集と大手業者への下請け受託など、数多く案件を受託できる営業体制を構築する。国や県・市などの公共事業の見込みと予算の動向。個別案件や下請け案件の発注動向など調査・情報収集をする。

②下請け業者・職人の確保

・工事受託に伴い、工事進行に合わせて優秀な下請けや職人を確保する。

③資材の調達

・安価で質の高い建設・土木資材の調達する（外注も含めた購買体制の構築）。

④工事進行管理

・工期を遵守した各種工事や作業の遅れなどを発生させない工事の進行管理体制を確立する。

⑤事務管理・内部管理

・堅実で効率的な請求業務・売掛金回収・外注費や買掛金支払・諸経費支払業務等の管理業務体制を構築する。

製造業と同様で各ステップにおける業務や体制に問題が発生した場合に受ける影響の大きさが、経営者が常に気にかけている商流上のポイントになってきます。

(3) 経営者の心に刺さる「重要キーワード」

●重要キーワードの１つ目は「工期」

製造業では納期の重要性を説明しましたが、建設・土木業界の工期は、賠償問題に発展する可能性が高く特に重要です。当初の設計から積算・工事の進行見積りを通じて工期を設定していきます。

建設・土木業界は、先にも説明したように、多くの職種別の下請けや職人で工事を消化していきます。もし下請けの手配や工事業者の施工に問題があり、工期が大幅に伸びた場合などは、その後の業者や職人の予定にも影響しますから、元請・下請けいずれにも賠償問題になってくることがあります。

したがって、この工期管理には経験と下請け業者や職人をまとめる強いマネジメント力が必要になってきます。一般的に工事の現場監督の腕次第とも言われています。中小業者であれば、社長が現場監督を兼ねていることも多くあります。

そこで、社長・現場監督の「統率力」が最も工事進行上、重要になってきます。どれだけ腕の良い下請けや職人とのネットワークを持っているか、工事が遅れがちになったときには、昼夜を問わず無理を聞いてくれる業者や職人を抱えているかが重要になってきます。

したがって、「工期＝統率力」がカギになります。

●重要キーワードの2つ目は「実績」

建設・土木業界の「信用」は過去の実績がすべてだとよく言われます。確かに工事の施工の仕方や中身はあまり見えないのが一般的です。ある程度工事業者を信用して任せるのが普通です。よく手抜き工事や偽装などのニュースを耳にしますが、工事が完了して引渡後に問題が発覚します。

ですから、依頼主は業者を信用するしかないとよく言われます。その信用の基準は、過去の実績に裏打ちされた企業や職人のブランドがポイントになります。

したがって「実績＝信用力」がカギになってきます。

●重要キーワードの３つ目は「営業」

建設・土木業界の営業は「社長の政治力」だとよく言われます。公共事業などの有資格業者であれば、入札次第で受注が左右されます。大手の下請けにしても、直接の工事案件についても、会社のブランドができ上がっている上場企業などは別ですが、中小の業者であれば施主に対し、人的な関係やネットワークを活用した強力な営業力が必要になってきます。

よく「顔とコネ」とも言いますが、中小事業者では、やはり社長や役員の人脈や人間力で仕事を取ってくるのが、建設・土木業界の常識になっています。

したがって、建設・土木業界の営業力は「営業＝政治力」がカギになってきます。

(4) 重要キーワードからの話題展開

☞ 建設・土木業:「工期」話題展開例

第1ステップ→重要キーワードで共感を得る

営業:社長、一つ教えていただきたいのですが、建設や土木の世界は工期が重要だ、工期が遅れたら次の仕事がもらえないどころか、賠償問題まで出てきてしまうとお聞きしたのですが、やはりそういうものですか。

第2ステップ→重要人物・重要商流要素あぶり出し

営業:やはりそうですか。しかし工期を守るといっても、資材の発注から下請け職人の手配や工事の進行管理と、多くの人や作業の管理が必要になりますから本当に大変ですね。多種多様でしょうから、豊かな経験や高いマネジメント力が要求されますが、社長様が対応されているのですか。それともどなたか任せられる現場監督がいるのですか。

営業:また工事進行管理のなかで、工期に最も影響することはどんなことになりますか。例えば作業環境や人的な面についていかがですか？

第3ステップ→改善とリスクマネジメントへの展開
営業：社長様や優秀な現場監督がご担当されているなら、今後同じようなマネジメントができる人材を育成していくことが、今後の成長の条件になってくるのですか。
営業：逆に、社長様や現場監督が担当できないような事態になったら、工期にも相当の問題が発生することが予想されますか。
営業：あらゆる場面に備えた早めの対策と、リスクヘッジも検討されてはいかがですか？

☞建設・土木業：「実績」話題展開例

第1ステップ→重要キーワードで共感を得る
営業：社長、一つ教えていただきたいのですが、建設業界は、過去の実績が品質のブランドをつくるとお聞きしましたが、一度でも手抜き工事や不具合が発生すると、ブランドと信頼の維持に関わるとよくお聞きしますが、やはりそういうものですか？

第2ステップ→重要人物・重要商流要素あぶり出し

営業：やはりそうですか。品質管理では、自社の職人や下請けさんや外注の職人さんに任せざるを得ない部分がありますから、優秀な職人の確保と下請けさんや職人さんとの人間関係が、最も重要になってくるでしょうね。

営業：下請けや職人さんとは、日頃からのお付き合いで良好な関係を維持するとともに、イザというときに無理を聞いてくれる信頼関係を構築する必要がありますから、相当難しいですね。

営業：社長様が担当されているのですか、それともどなたか信頼できる現場監督がいるのですか？

第3ステップ→改善とリスクマネジメントへの展開

営業：社長様や優秀な現場監督が担当されているということであれば、今後、同じようにマネジメントできる人材を育成していくことが、成長の条件になってくるのですか。

営業：逆に、社長様や現場監督が担当できないような事態になったら、どんなことが予想されますか。

営業：あらゆる場面に備えた早めの対策と、リスクヘッジも検討されてはいかがですか？

☞建設・土木業：「営業」話題展開例

第１ステップ→重要キーワードで共感を得る

営業：社長、一つ教えていただきたいのですが、土木建設業の業界の営業は、顔とコネに尽きるとお聞きしたのですが、そういうものですか？

第２ステップ→重要人物・重要商流要素あぶり出し

営業：やはりそうですか。土建の世界は社長様の政治力が営業力のすべてと言われるようですね。当然、過去の仕事の積み上げから築き上げる実績が大事だと思いますが、人間関係における根回しと仕掛けが重要になってくるのでしょうね。

ひと言で営業は政治力といっても、経験と素養がないと難しいでしょうから、誰でもできるものではないですよね。

営業：やはり社長様が担当されているのですか、それともどなたか強力な営業担当に任されているのですか？

第3ステップ→改善とリスクマネジメントへの展開

営業：社長様がご担当されているのであれば、社長様のネットワークの拡大もテーマですね。組織として営業力を強化する人材の育成や仕組みづくりが、今後の成長の条件になってくるのですか。

営業：逆に、社長様が担当できないような事態になったら、それこそ、受注競争を勝ち抜くどころか、案件情報すら入ってこなくなる可能性がありますよね。そうすると、企業の存続すら危うくなりますから大変ですね。

営業：あらゆる場面に備えた早めの対策と、リスクヘッジも検討されてはいかがですか？

3．卸売業・小売業

(1) 卸売業・小売業の経営者の関心事

卸売業は、小売業が顧客で生産業者との間で流通と配送を行う業者が多く、食品や酒類・衣料やスポーツ用品の卸問屋など、商品によって専門商社のような機能をしています。

小売業といえば、スーパー・コンビニエンスストア・百貨店・専門店などがその代表的なものです。ネット・通信販売など独自の流通チャネルで販売している企業も小売業といえるでしょう。また、小売業は最終消費者向けに販売している業態のことです。どちらにしても、いかに良い商品を仕入れて数多くのお客様に販売して満足してもらうことが、最大の目標になります。

したがって、いかに良い商品開発ができるか「商品力・品揃え」が大きなポイントになってきます。これは「仕入れの力」、一般的には「バイヤーの力」と言います。いかに消費者のニーズを的確に捉えて最高のタイミングで品揃えができるか、同時に優良な生産業者や卸売業者の確保や仕入れルート開拓も、並行的に行っていくことが求められます。

また、特に小売業では、売り方によって大きく販売力に差が出ることがあります。販売立地については市場調査分析や動線調査分析が必要になってきます。店舗や陳列棚などの売り場にどんな工夫をして他店と差別化するか、広告宣伝活動やセールやイベントによる集客をどうするかなどが、重要な関心事になります。

また、販売員の接客力や営業力でも大きく業績を左右することは、卸売・小売に共通していますから、優秀な人材の確保と教育が経営者としても関心事になります。

(2) 卸売業・小売業の商流ステップ

①マーケティング・出店

・卸売業であれば、商品仕入れとターゲットになる小売店マーケットの位置関係から、どこに流通センター等の拠点を置くかを検討する。

・小売業であれば、マーケットの人口動向や消費者ニーズに合わせた成功する出店の立地の開拓と分析を行う。

②店舗の確保と人材の確保

・卸売業の場合は、商品流通センターにおける購買と在庫管理の強化、配送車や配送担当者もしくは配送業者の運行管理を強化する。同時に強力な営業力を持った人材の採用と育成を行う。

・小売業は最高の立地に、最高の集客ができる店舗をどのように確保もしくは建設していくか。同時に集客と売上に効果的な店舗の外装や内装・陳列設備などの設備投資を行う。店舗のオペレーティングに必要な人材の確保と、優秀なバイヤーや営業スタッフやパート社員の確保と育成を行う。

③品ぞろえ

・優秀なバイヤーによる安価で質の高い商品と仕入れルートの確保。欠品や過剰在庫にならないような購買管理の強化により、品揃えと商品力を強化する。

④販売管理・人事管理

・売上・在庫の状況把握と売れ筋商品分析など情報システムの構築強化、効果的な販売管理と購買管理、営業体制に準じた人員配置と勤務体系を構築する。

⑤事務管理・内部管理

・堅実で効率的な請求・集金管理やキャッシュの入出金管理と買掛金・諸経費支払業務等の管理業務体制を構築する。

特に、出店と品揃えに関しては卸売業･小売業の業績を左右すると言われるほど重要で、問題が発生した場合に受ける影響の大きさは、経営上最もインパクトがあると言えます。経営者が常に気にかけている商流上のポイントになると考えられます。

(3) 経営者の心に刺さる「重要キーワード」

〈卸売業〉

●重要キーワードの1つ目は「商品力」

卸売業者の力の差は「商品力」が最も重要な切り口になります。いかに魅力的な品揃えができるか、特にヒット商品の流通販売の権利をメーカーと結び、「あの卸業者さんからしか手に入らない」といった関係ができれば理想的です。そのためには、消費者ニーズに合致する売れ筋商品を見つけることができるかになります。

また、企画の段階からメーカーと絡んで、商品開発にも力を発揮できるような優秀なバイヤーを採用できるか、同時に育成できるかがポイントになります。一般的に中小の卸売業者であれば、社長がバイヤーのことが多いとも言えます。社長の目利きとネットワークに頼るところが大きいのです。

したがって「商品力＝バイヤーの力」がカギになります。

●重要キーワードの２つ目は「営業力」

卸売業者は、営業担当がどれだけ良い小売店を抱えているかが重要なポイントになります。新規顧客の開拓も大事ですが、そもそも起業の時点で社長が一定の顧客を抱えて独立するケースが多く、起業家ならではの営業力で、取引先を増やしたというのが一般的です。同時に、優秀な営業担当者を育成することも大事ですし、同業他社で活躍している営業担当者をヘッドハンティングすることもあります。すでに自分の得意先を持っていますから、即戦力となるのが中小企業の特徴でもあります。

したがって、卸売業の売る力は「優秀な営業力を持った人材確保」がカギになります。

●重要キーワードの３つ目は「物流」

卸売業におけるタブーは、納品が遅れることと欠品で注文に応じられなくなることです。これは単に商機を失うというだけでなく、「欲しいときに商品を届けてくれない」という信用まで失墜することにつながります。

つまり、在庫管理や配送手配などをいかに正確かつ迅速に対応する体制を構築できるかが必要になってきます。同時にスムーズな購買から納品までが可能な物流システムを、ハード・ソフト両面で構築する必要があります。

したがって、卸売業では「物流＝信用」に直結しているとも言えます。

〈小売業〉

●重要キーワードの1つ目は「商品力」

卸売業と同様ですが、小売りの命は商品力であり「品揃え」です。最も一般消費者に近い位置でマーケティングするわけですから「何が望まれていて、何が流行るのか」、そして顧客心理をいかにキャッチするかです。

販売方法における品揃えや販促の打ち出し方なども、バイヤーによるところが大きく、中小企業は社長が中心になります。いかに優秀なバイヤーを採用・育成していくかも、小売業の成長の条件になってきます。

したがって、「商品力＝バイヤーの力」がカギになります。

●重要キーワードの2つ目は「CS（顧客満足）」

小売業は、サービス業でもあると言われます。また「モノを売るだけではなく、お客様に満足を売る」とも言われます。いかにお客様が、気持ちよく来店して欲しいものに出会い、楽しい気分で帰ってもらえる店づくりができるかが、小売店の使命です。

店舗の設備や受入体制、品揃えの充実などスタッフやパートの接客術の向上が求められます。豊富な商品知識と丁寧で明るい応対など、教育と指導がどれだけしっかりしているかがポイントになります。小売店の良し悪しは、品揃えと店員の応対を見れば分かるとも言われます。

したがって、小売業のＣＳは「品揃えと接客力」がカギになります。

●重要キーワードの３つ目は「立地」

小売業を成功させるには、営業場所である「立地」が重要な要素となります。よく「あの場所では何の商売をやってもダメだ」ということを耳にしますが、それは立地上の問題があるからこそです。当然マーケットの特徴や人の動線なども関係してきますし、立地の選定は小売業界では最も大事な要素となります。

環境分析も当然重要ですが、意外に大事なのが経営者の勘所です。飲食業にも似たところがありますが、経験的に積み重ねてきた分析力を持っているのが、成功している小売業の特徴でもあります。

したがって、小売業の立地選択は「分析力と経験的勘所」がカギになってきます。

(4) 重要キーワードからの話題展開

☞ 卸売業：「商品力」話題展開例

第1ステップ→重要キーワードで共感を得る

営業：社長、一つ教えていただきたいのですが、卸売業の世界は、商品力が重要だとお聞きしたのですが、やはり品質と価格がポイントになってくるのですか？

第2ステップ→重要人物・重要商流要素あぶり出し

営業：やはりそうですか。また、良い商品を見つけられるかは「バイヤーの力」によるともお聞きしますが、そうでしょうか。相当の経験や企画力とメーカーさんとの関係も豊かでないと、なかなかできない仕事ですよね。

営業：それだけのバイヤーを育てるのは大変だと思うのですが、社長様のところでは、仕入れは社長様が担当されているのですか。それとも、どなたか優秀なバイヤーがいるのですか。

営業：商品力をあげるには、バイヤー以外ではどんなことが決め手になってくるのですか？

第3ステップ→改善とリスクマネジメントへの展開

営業：社長様や優秀なバイヤーさんが担当されているなら、今後優秀なバイヤーを増やして、どこにも負けない商品力を身につけることが、今後の成長の条件になってくるのですか。

営業：逆に、社長様やバイヤーさんが担当できない事態になったら、商品力にも大きな問題が出て、お客様との関係でも相当の問題が発生することが予想されますか。

営業：あらゆる場面に備えた早めの対策と、リスクヘッジも検討されてはいかがですか？

卸売業：「営業力」話題展開例

第1ステップ→重要キーワードで共感を得る

営業：社長、一つ教えていただきたいのですが、「卸売業の世界は、何といっても売る力が重要だ、一人ひとりの営業力が決め手になる」とお聞きしたのですが、やはりそういうものですか？

第2ステップ→重要人物・重要商流要素あぶり出し

営業：やはりそうですか。いかに優秀な営業マンを確保できるかが決め手になると思いますが、その点については、どのような工夫をされているのですか。

営業：ヘッドハンティングしたりするのですか。営業力の強化について、社長様が陣頭指揮をとられているのですか。それとも有力な役員や社員さんに任せているのですか。

営業：他に営業力に大きな影響を与える要因としては、ヒト以外ですとどんなことが考えられますか？

第3ステップ→改善とリスクマネジメントへの展開

営業：社長様や一部の優秀な営業さんが担当されているということであれば、今後優秀な営業マンを増やしてどこにも負けない強力な営業力を持つことが、今後の成長の条件になってくるのですか。

営業：逆に、社長様や特定の営業さんに何かあって担当できないような事態になったら、営業力が一気に落ちてしまうことも考えられますか。
営業：あらゆる場面に備えた早めの対策と、リスクヘッジも検討されてはいかがですか？

卸売業：「物流」話題展開例

第1ステップ→重要キーワードで共感を得る
営業：社長、一つ教えていただきたいのですが、卸売の世界は、「いかに良い商品を、どこよりも早く正確にお届けすることが重要だ」とお聞きしたのですが、やはりそういうものですか？

第2ステップ→重要人物・重要商流要素あぶり出し
営業：やはりそうですか。商品の調達から保管、そして梱包・配送を、計画的にかつ機動的に対応し、いかに顧客から信頼されるかが決め手になるのでしょうね。
営業：物流関係で最も重要なのは、欠品を発生させない在庫管理と、正確・迅速な納入ができるか、そのためには物流管理の優秀な担当者や、流通倉庫の場所、情報システムや車両含めた設備や優秀な下請け運送会社の確保がカギになってくると思いますが、現状どのように対応されていますか。

営業：社長様が陣頭指揮をとっているのですか。それとも有力な役員や社員様に任せているのですか。他に物流の関係で大きな影響を与える要因としては、ヒトや設備・環境面では、どんなことが考えられますか？

第3ステップ→改善とリスクマネジメントへの展開

営業：社長様や一部の優秀な社員さんが担当されているなら、今後優秀な担当者を増やしていくことと、誰でもできる仕組みづくりとして、ハード面やソフト面で強化していくことが、今後の成長の条件になってくるのですか。

営業：逆に、社長様や特定の社員さんが担当できないような事態になったら、物流全体に不具合や欠品を起こしたりする事態も考えられますか。

営業：あらゆる場面に備えた早めの対策と、リスクヘッジも検討されてはいかがですか？

☞ 小売業：「商品力」話題展開例

第１ステップ→重要キーワードで共感を得る

営業：社長、一つ教えていただきたいのですが、小売の世界は、品揃えが最も重要だとお聞きしたのですが、その場合、品質と値段がポイントになってくるのですか？

第２ステップ→重要人物・重要商流要素あぶり出し

営業：やはりそうですか。品質の高い商品を、より安く品揃え豊かに仕入れられることが、盛況な小売りとそうでない店の違いになってくるのでしょうね。だからこそ優秀なバイヤーが決め手になるとよく言われますね。

営業：また、良い商品を見つけられるかは「バイヤーの力」によるともお聞きしますが、そうでしょうか。優秀なバイヤーを確保することが小売店さんの絶対条件でしょうが、それも様々な商品知識や仕入れルートなどの経験が必要ですよね。

営業：社長様が担当されているのですか、それともどなたか優秀なバイヤーに任せているのですか。商品力を上げるには、バイヤー以外ではどんなことが決め手になるのですか？

第3ステップ→改善とリスクマネジメントへの展開

営業：社長様や優秀なバイヤーさんが担当されているなら、今後優秀なバイヤーを増やして、どこにも負けない商品力を持つことが、今後の成長の条件になってくるのですか。

営業：逆に、社長様やバイヤーさんが担当できないような事態になったら、良い商品の品揃えができなくなることも想定されますか。そうなると消費者は正直ですから、客離れが起きることも考えられますから大変ですね。

営業：あらゆる場面に備えた早めの対策と、リスクヘッジも検討されてはいかがですか？

☞小売業：「CS（顧客満足）」話題展開例

第1ステップ→重要キーワードで共感を得る

営業：社長、一つ教えていただきたいのですが、小売の世界も、「単なるモノを売るだけでなく、来店されたお客様に楽しい思いや喜びを提供するサービス業でもあるんだ」とお聞きしたのですが、やはりそういうものですか？

第2ステップ→重要人物・重要商流要素あぶり出し

営業：やはりそうですか。小売業の顧客満足度を上げる最大のポイントは品揃えと価格でしょうが、店員さんの接客力も重要な決め手になると思われますが、その点については、どんな工夫をされているのですか。

営業：売場の種類も多いでしょうから、まんべんなく店員のCS向上を目指されるには、日頃からの店員さんに対する教育やコミュニケーションが重要になってくると思いますが、社長様がされているのですか、同時に優秀な店長さんがいるのですか。

営業：他にCSに大きな影響を与える要因としては、ヒト以外ですとどんなことが考えられますか？

第3ステップ→：改善とリスクマネジメントへの展開

営業：社長様や一部の優秀な社員さんが担当されているなら、より優秀な店長や店員の採用と教育が今後の成長のカギになってきますね。同時に店舗の外装や内装・陳列設備などの改善やメンテナンスも重要ですね。

営業：逆に、社長様や特定の社員さんに指導できないような事態になり接客に問題が発生したら、いくら良い品揃えして安くても客離れが起きてしまいますね。

営業：あらゆる場面に備えた早めの対策と、リスクヘッジも検討されてはいかがですか？

小売業：「立地」話題展開例

第1ステップ→重要キーワードで共感を得る

営業：社長、一つ教えていただきたいのですが、小売の世界は、場所つまり「立地」が成功を左右するとお聞きしたのですが、やはりそういうものですか？

第2ステップ→重要人物・重要商流要素あぶり出し

営業：やはりそうですか。新しい店を出すにしても、マーケット調査や案件について情報収集のアンテナの感度を上げておく必要があるとお聞きしますが。そのためには、地域の有力者などとのネットワークが重要になるのですか。

営業：場所の選定や情報を得るにも、経験や人脈が必要ですから、誰でもできるものではないですよね。やはり社長様が担当されているのですか、それともどなたかに任されているのですか？

第3ステップ→改善とリスクマネジメントへの展開

営業：社長様や優秀な社員さんが担っているなら、今後優秀な担当者を増やすことも大事でしょうし、小売の世界も情報戦争と言われますから、アンテナに問題が出てくると、出店どころか品揃えにも問題が生じ、客離れを起こす可能性がありますよね。いかに経験を積ませて、同時に立地や顧客の動線等の分析力を強化する、また不動産情報などのネットワークの構築が今後の成長のカギになってくるんですか。

営業：逆に、社長様や特定の社員が担当できないような事態になったら、出店だけでなく様々な支障が発生したり、経営上厳しい事態も考えられますか。

営業：あらゆる場面に備えた早めの対策と、リスクヘッジも検討されてはいかがですか？

4. 運送業

(1) 運送業の経営者の関心事

運送業には、タクシー・バス・鉄道・飛行機・客船などで人を運ぶ運送業もあれば、トラックや船などで荷物などを運ぶ運送業もあります。すべての運送業に言えることは、数多くの人や荷物を安全に心地よく早く正確に届けることが最大の使命であり、最大の関心事です。

本書では、中小事業者が一番多いトラックなどを利用した貨物運送業を取り上げます。貨物運送業には、不特定多数の顧客の荷を運ぶ「一般貨物自動車運送業（許可制）」、ある特定の顧客の荷だけを運ぶ「特定貨物自動車運送業（許可制）」、赤帽など「貨物軽自動車運送業（届出制）」があります。

いずれも貨物運送業では、荷物の運搬依頼者である安定した荷主を確保して、できるだけ多くの車両を回転させて、無事に客先に届けるかを考えることが最大の関心事です。

そのためには、荷主を獲得するためにどう営業を展開するか、車両の投資をいつどのタイミングで行うか、ドライバーの確保をどうするかなど、様々なことで苦労しているのが経営者です。

(2) 運送業の商流ステップ

①認可申請・設備投資

・運送業の場合、地方の運輸局への許認可の申請が必要になる。同時に車両基地としてのモータープールと車両の取得等にかかる設備投資が必要であり、荷主や運行管理上で絶好の場所の確保、優良なディーラーや資金調達先の確保が問題になる。

②荷主・ドライバーの確保

・採算性の高く安定的な荷主を数多く獲得すると同時に、優良なドライバーを多く確保したい。さらに外注先でもある傭車の手配ルートを確保したい。

③運行管理・稼働率

・車両とドライバーの稼働率をどう上げるか。荷主の拡大とともに空便がないような案件とドライバーのマッチング情報管理。採算性の高い稼働にするための、ソフト・ハード面の付加価値の向上が求められる。

④人事管理・教育

・特にドライバーの定着率向上策の検討と生産性向上と安全運転等のコンプラ教育の質的な改善強化が必要になる。

⑤事務管理・内部管理

・堅実で効率的な請求・集金管理やキャッシュの入出金管理と買掛金・諸経費支払業務等の管理業務体制を構築する。

運送業の場合、優良な荷主の確保と、優良なドライバーの確保が生命線とも言われるほど重要で、問題が発生した場合に受ける影響は経営上最もインパクトがあります。経営者が常に気にかけている商流上のポイントになってきます。

(3) 経営者の心に刺さる「重要キーワード」

●重要キーワードの1つ目は「荷主」

運送業では、運賃が高くて安定的な発注が見込める荷主をどのように確保できるかが、最も重要になります。そのためには、他社との差別化がポイントになります。

特殊な車両を所有し特定分野の運送を得意にする。例えば食品の鮮度に強い車両を所有するとか、精密機械の運搬に関するノウハウを強化するなどで受注の拡大と安定化を目指し、運搬以外の付加価値を追求する。また、建設現場にサッシの配送をする際に、ドライバーがサッシの組立まで請け負うなどです。

このように、荷主の囲い込みと差別化による競争力強化と採算性の向上が常に求められています。当然、荷主拡大には経営者の人脈による案件情報の獲得と、優秀な営業スタッフの確保・教育もテーマになります。

したがって、荷主の安定確保は「差別化と営業力」がカギになるのです。

●重要キーワードの2つ目は「稼働率」

運送業の採算性は、稼働率の良し悪しでも大きく影響します。稼働率には車自体の運行状況を示す「実働率」、荷の量的な運行状況を示す「積載率」、料金発生を伴う運行状況を示す「実車率」がありますが、何といっても「実車率」がそのまま運賃収入に直結するので、実車率を最も気にしていると考えるべきです。

同時に、稼働率を上げることによって、遊んでいる車両とドライバーをなくすかが重要なテーマです。そのためには荷主の拡大とともに運行管理が重要になります。運行管理は経験が必要であり、システム的な設備投資も重要です。

したがって、稼働率は「実車率」を上げる、そのためには「荷主拡大と運行管理」がカギになってきます。

●重要キーワードの3つ目は「**ドライバー**」

運送業は人でもっており、人とはドライバーです。優秀なドライバーをどれだけ数多く安定的に確保できるかは、常に経営上の課題であり悩みです。

最近はドライバー不足が深刻な問題になっており、定着率を上げて離職率を下げることも重要なテーマになっています。また、事故防止のための安全運転教育や、コンプライアンス教育などのテーマも多くなっています。

いくら仕事が多く入ってきても、ドライバー不足が発生すれば、機会利益を失うだけでなく、荷主の信用も失うことになるため、庸車を含めたドライバーの確保が重要なテーマになっています。

したがって、運送業では「ドライバーの確保」が経営安定のカギになってきます。

(4) 重要キーワードからの話題展開

☞運送業：「**荷主**」話題展開例

第1ステップ→重要キーワードで共感を得る

営業：社長、一つ教えていただきたいのですが、運用業ではどれだけ良い荷主さんを安定的に確保できるかが経営の最重要テーマとお聞きしたのですが、やはりそういうものですか？

第2ステップ→重要人物・重要商流要素あぶり出し

営業：やはりそうですか。お客様の獲得には、人的な関係と強い営業力が必要でしょうし、運送会社としての強みを持って差別化を図ることがポイントになってくるのですか。社長様のところはどんな分野が強いのですか。

営業：取引先の獲得や拡大には、それなりの人脈や経験も必要でしょうが、社長様が担当されているのですか、それとも、どなたかに任せているのですか。同時に、得意分野での他社との差別化については、どんなことを実施しているのですか。

営業：荷主の安定確保や拡大には、他に設備や環境面などで、どんなことがカギになってきますか？

第3ステップ→改善とリスクマネジメントへの展開

営業：今後も優良な荷主獲得に向けて、社長様以外の優秀な営業を確保育成するか、同時にどのように圧倒的な差別化を強化していくか、そのための新しいノウハウの拡充と設備の充実が、成長の条件になってくるのですか。

営業：逆に、社長様や重要な営業担当が担当できない事態になったら、荷主との関係維持にも支障が出てくることも想定されますか。そうなったら大変ですね。

営業：あらゆる場面に備えた早めの対策と、リスクヘッジも検討されてはいかがですか？

運送業：「稼働率」話題展開例

第1ステップ→重要キーワードで共感を得る

営業：社長、一つ教えていただきたいのですが、運送業では、営業車の稼働率が極めて大事で、遊んでいる車両やドライバーがいたら死活問題だとお聞きしたのですが、やはりそういうものですか。

営業：社長様のところですと、何割の稼働率が損益分岐点になりますか？

第2ステップ→重要人物・重要商流要素あぶり出し

営業：やはりそうですか。稼働率を上げるのは、何と言っても荷主さんの確保が最も重要だと思いますが、実車率や積載率・実働率を上げるための運行管理面のマネジメントも重要だと聞きますが、当然そうですよね。

営業：お客様の獲得には、人的な関係と強い営業力が必要でしょうし、運送会社としての強みで差別化を図ることがポイントになるのですか。社長様の会社は特にどんな分野に強いのですか。

営業：荷主さんの拡大では、社長様が営業の旗を振っているのですか。運行管理は経験とマネジメント力を要求されると思いますが、こちらも社長様が担当されているのですか、それとも信頼できる担当者がいるのですか。

営業：稼働率、特に実車率を上げるには、他に環境面などではどんなことがカギになってくるのですか?

第3ステップ→改善とリスクマネジメントへの展開

営業：今後も営業と管理の両面で強化する必要があると思いますが、そのためにも優秀な人材の確保や魅力ある職場づくり、効率的な管理システムの導入による環境整備も検討する必要があるのではないでしょうか。逆に、社長様や重要な営業担当が担当できない事態になったら、荷主との関係維持や運行管理にも支障が出てくることも想定されますか。そうなったら大変ですね。

営業：あらゆる場面に備えた、早めの対策とリスクヘッジなども検討されてはいかがですか？

☞運送業：「ドライバー」話題展開例

第1ステップ→重要キーワードで共感を得る

営業：社長、一つ教えていただきたいのですが、運送業界は優秀なドライバーを確保して定着率を上げることが最も重要ですが、一方でそれこそが最も難しいともお聞きしたのですが、やはりそういうものですか？

第2ステップ→重要人物・重要商流要素あぶり出し

営業：やはりそうですか。ドライバーの高齢化が進んでいて、若くて優秀な人材をいかに獲得するか、また、若手を育てていくかが重要になりますね。同時にコンプライアンスを前提とした生産性を向上させる指導も重要になるでしょうか。

営業：採用はいろいろなアンテナを駆使することになると思います。また若手の育成には経験と素養も必要になるでしょうから、誰でもできるものではないですよね。やはり社長様が担当されているのですか、任せられるベテランがいるのですか。同時に受入体制の改善もカギになりますね。

営業：ドライバーの安定確保には、他に設備や環境面などで、どのようなことがカギになってきますか？

第3ステップ→改善とリスクマネジメントへの展開

営業：社長様以外にも指導できるマネジメント層の育成も必要になってきますし、採用や定着率の向上につながるような職場環境の構築が、ソフト・ハード両面で必要になると考えられますね。運送業は人で持っている業界ですから、車両以上に人に投資する必要があるということですか。

営業：逆に、社長様や重要な営業担当が担当できないような事態になったら、採用どころか離職者が増えることも想定されますか。そうなったら、荷主との関係維持や運行管理にも支障が出てくるので大変ですね。

営業：あらゆる場面に備えた早めの対策と、リスクヘッジも検討されてはいかがですか？

5．飲食業

(1) 飲食業の経営者の関心事

飲食業には、ラーメンや寿司・中華料理・洋食などの「食」をメインにした業態と、居酒屋や料亭のように「飲食両面」でサービスを提供している業態、喫茶やバーなど「飲」をメインに提供している業態などがあります。

また、オンリーワン店舗や少ない店舗で営業をしている飲食業もあれば、大手ファミリーレストランや牛丼・コーヒーショップチェーンなど、全国に多店舗展開をしている飲食業もあります。

価格帯についても、安い価格で大勢のお客様を呼び込む業態もあれば、高級なメニューで集客する業態もあります。このように飲食業には多種多様なジャンルが存在しています。業態数が多い分選択肢も多いので、「いかにお客様が満足できる圧倒的なサービスを提供して､リピートにつなげることができるか」これこそが飲食業の成否のカギになります。逆に、何かあった場合に致命的な影響が出ることが最大のリスクになります。そして、それこそが経営者にとっての最大の関心事です。そのためには3つの視点が重要になります。

●最大関心事とリスクの1つ目は「メニュー」

特徴を生かし、いかにお客様に「おいしい」と言わしめるか、そしてコストパフォーマンスを追求したメニューづくりこそが飲食業の命です。それを実現させるには、いかに優秀な調理人やシェフを確保できるか、また経営者がシェフなら、その腕前次第と言えます。そして強みとされるレシピを継続していくことや、新規出店により店舗展開を目指すなら、優秀な後継者やスタッフをどのように育成・採用するかが、ポイントになってきます。同時に特定のシェフに依存しているなら、これが最大のリスクにもなるのです。

●最大関心事とリスクの2つ目は「接客」

飲食業はサービス業ですから、どんなに安くておいしくても、ホール等での接客応対に問題があれば「客離れ」を起こします。

いかに気持ちよくお客様をお迎えして、心地よい時間を過ごしてもらえるか。お客様に

「また来たい」と思ってもらえるような気持ちにさせる、最高の「おもてなし」となる接客術を可能にするための人材確保とオペレーティングこそが、リピート客を増やす決め手になってきます。

したがって、優秀なシェフだけではなくホール担当の責任者やスタッフを採用し定着率を上げることが、接客力の向上だけでなくリスクヘッジにもつながってきます。

●最大関心事とリスクの3つ目は「店舗」

「便利で、魅力的で、心地よい」店づくりは、大事な飲食業界の必須要素です。場所の選定が特に大事で「立地で成否は決まる」とまで言われます。そしてコンセプトや提供するサービスにリンクした店舗の外装・内装とテーブル・食器類などの接客設備の選択をどうするかも重要です。

併せて、調理や配膳をスムーズにするための設備や、食中毒などを防ぐ衛生設備や管理体制も重要な要素です。特に食中毒などの事故があると、営業を継続することすら難しくなる可能性があるため、ハード・ソフト両面での万全の備えが必要になります。

(2) 飲食業の商流ステップ

①認可申請・設備投資

・食品衛生法に基づき、食堂の経営などは都道府県知事や保健所等から許認可と指導を受ける必要がある。そのため許認可に見合う資格保有者が必要となる。

・店舗の場所の選定や建設・内装設備等の投資が発生する。飲食業は特に立地が重要なので、新規出店の場合は相当の情報収集と市場調査が必要となる。

②調理・ホール等の人材確保

・オーナーがシェフの場合は、右腕になれる人材の確保が必要。同時に多店舗を展開する場合は味を担保することが重要なため、正確なレシピの作成などマニュアルが必要となる。

・接客におけるホール担当の人材確保も、リピート客の獲得には重要な条件となる。

③食材の調達

・安価で質が高い材料を調達することは、飲食業としての特徴や強みを出すために絶対に必要。一般に評価の高い飲食業は「仕入れに強みを持っている」とも言われる。材料を吟味できる仕入れ担当の目利きが問題になる。仕入れは誰が担当しているか、話が分かる人材がいるのか、その強みに何かあった場合のリスクは相当に大きい。

④オペレーティング

・スタッフとアルバイトの勤務管理、お客様の受入れから注文・配膳・片づけ・会計処理等のオペレーティングができるマネジャークラスの人材確保と育成も必要となる。
・リピーターを呼び込む要素である「接客」の主役はホール担当のため、良い人材の獲得と定着率の向上に経営者の関心が高い。

⑤計数管理・新規出店

・業績等の計数管理ができているか、特にオーナーシェフが経営全般を担っている場合は「どんぶり勘定」になるケースがあるが、しっかりした管理会計を根づかせることが経営を維持する条件。まして多店舗展開をする場合はその重要性が増してくる。

〈飲食業の計数管理のポイント〉
「生産性＝席数×回転数×客単価×稼働率×営業日数」
「収益性＝F／Lコスト 売上対比60％以下、売上総利益率60％以上」
（F：Food（食材） L：Labor（人件費））

飲食業の場合、店としての特徴と強みを打ち出し、顧客満足度を追求し、高いリピート率を獲得することが目標となります。そのためには、前述した「メニュー」「接客」「店舗」

の３つの要素に問題が発生した場合の影響は、経営上最もインパクトがあり、経営者が気にかけている商流上のポイントになります。

(3) 経営者の心に刺さる「重要キーワード」

●重要キーワードの１つ目は「メニュー（味・価格）」

何といっても、飲食業では「あの店はうまい」と言わしめる差別化された味と、納得感・お得感のある価格帯の設定こそ、リピート客を増やす条件になってきます。同時に常に変化を楽しませてくれるような新メニューの開発も必要になります。

材料の吟味・仕入れから、優秀なシェフによる豊かなアイデアと確かな腕を持った調理力で提供されるコストパフォーマンス（コスパ）の追求こそが、経営上の最大の課題です。

したがって、優秀なシェフの確保と人材育成がカギになります。

●重要キーワードの２つ目は「接客力（ＣＳ）」

飲食業はサービス業です。サービスとは「味」と「おもてなし」です。リピート客を得るには、いくら味が良くても接客が良くなければお客様は逃げてしまいます。味と接客は一体、調理とホールも一体と言えるでしょう。

優秀なスタッフとアルバイトを確保して定着率を上げ、リピートしたくなる「おもてなし」ができてこそ、繁盛店ができる条件でもあるのです。同時に、いかに効率を高め回転率を上げることができるか、運営力と採算性を助けるシステム的な設備投資も重要になってきます。

したがって、接客力を上げるためには「味とおもてなし」の追求がカギになってきます。

●重要キーワードの3つ目は「店舗力（立地・設備）」

飲食業の成否には立地の良し悪しが左右します。場所の選定は、地域の特徴や人口・ヒトの動線など様々調査が必要になりますし、同時に経験的な目利きと勘所も重要です。優秀な経営者やスタッフに頼るところが大きくなるのです。

また、店舗の設計や維持管理も重要な切り口になります。CSを上げる要素としても、いかに魅力的で心地よい店づくりができるか、維持保全ができるかも大事な要素になります。

したがって、飲食業では「優良な立地と店づくり」が店舗力向上のカギになるのです。

(4) 重要キーワードからの話題展開

☞飲食業：「メニュー（味・価格）」話題展開例

第1ステップ→重要キーワードで共感を得る

営業：飲食業にとって最も重要なのは、味と値段のバランスだとお聞きしたのですが、特に最近コストパフォーマンスがうるさく言われ、安ければいいというのではなく、安いうえに質を要求される時代だと言われますが、そういうものですか？

第2ステップ→重要人物・重要商流要素あぶり出し

営業：やはりそうですか。飲食業の成否は、リピート客をどのくらい囲い込めるか、つまりリピート率が重要だとお聞きしますが、リピート率を上げるには、やはり味に対する満足度追求と価格に対するお得感が大事になってくるのですか。

営業：最高のパフォーマンスには優秀なシェフが必要ですし、同時に他店と差別化できる企画力が決め手になってくるのですか。経験と素養がないと難しいでしょうから、誰でもできるというものではないですよね。どのように確保されたのですか。やはり社長様が相当関わられているのですか。

営業：優秀なシェフの確保とリピート客の拡大には、他にどのようなことがカギになってくるのですか？

第3ステップ→改善とリスクマネジメントへの展開

営業：今後も、新しいメニュー開発や企画を促進していかないと、成長どころか生き残りも難しい業界でしょうから、優秀なシェフの確保や、企画力のあるスタッフの育成などが重要になってきます。そのための仕組みづくりや、優秀な人材を定着させる職場環境づくりも重要なテーマになってきますね。

営業：逆に、社長様や重要なシェフが担当できないような事態になったら、新しいメニュー開発どころか現状維持にも支障が出てくることも想定されますか。そうなったら大変ですね。

営業：あらゆる場面に備えた早めの対策と、リスクヘッジも検討されてはいかがですか？

飲食業：「接客力（CS）」話題展開例

第1ステップ→重要キーワードで共感を得る

営業：社長、一つ教えていただきたいのですが、どんなに味が良くて値段が安くても、スタッフの接客に問題があると、お客様は離れてしまいますよね。そういった点でもスタッフの〝おもてなし〟が大事だとお聞きしたのですが、やはりそういうものですか？

第2ステップ→重要人物・重要商流要素あぶり出し

営業：やはりそうですか。飲食業はリピート客をいかに増やすか、そのため口コミで広がってくれることが重要になり。それには、ホール担当だけでなくすべてのスタッフの接客力とおもてなしの企画力を上げることがポイントになってくると思いますが、どのようなことに力を入れているのですか。

営業：CSを上げるといっても簡単ではないと思いますし、リピート率を上げることも難しいですよね。やはり社長様が担当されているのですか、それともどなたか頼りになるスタッフがいるのですか。

営業：接客力を上げるには、他に環境面などでは、どのようなことがカギになるのですか？

第3ステップ→改善とリスクマネジメントへの展開

営業：接客力を上げるには、日頃の細かい動きや気づきで丁寧に教育する必要がありますし、そのようなことに優れたリーダ格の人材の採用や育成がポイントになってきますか。同時に、他店の魅力ある企画に関する情報のアンテナの感度を良くしておくことも重要ですよね。

営業：逆に、社長様や重要なホール担当が担当できない事態になったら、接客やリピート率に支障が出てくることも想定されますか。そうなったら大変ですね。

営業：あらゆる場面に備えた早めの対策と、リスクヘッジも検討されてはいかがですか？

☞飲食業：「店舗力（立地・設備）」話題展開例

第1ステップ→重要キーワードで共感を得る

営業：社長、一つ教えていただきたいのですが、飲食業は、味と値段が一番大事ですが、よく立地と店舗もリピート客を確保する重要な要素だとお聞きしたのですが、やはりそういうものですか？

第2ステップ→重要人物・重要商流要素あぶり出し

営業：やはりそうですか。出店にあたっては、環境分析など市場調査が重要でしょうが、来店しやすい場所の選定と、入りたくなる魅力的な店舗づくりが、流しの顧客を獲得することになるでしょうし、居心地のよいスペースもリピート率を上げる決め手になるのですか。

営業：場所の選定や、店舗のコンセプトが飲食店の成功を左右する重要要素でしょうから、社長様にかかる負担は大きですね。難しいでしょうが、片腕的な人材の育成も必要になってくると思いますが、現在どなたかいるのですか。

営業：店舗力を上げるには、他に設備や環境面などでは、どのようなことがカギになってきますか？

第3ステップ→改善とリスクマネジメントへの展開

営業：新しい出店を見据えた場合、常に良い物件の情報取集が拡大のカギにもなるのですか。また、変化の激しい顧客ニーズに合わせた店舗企画も必要でしょうから、その情報網と人材育成が成長のカギにもなってくるのですか。そのためにも、人づくりと仕組みづくりが大事になってきますね。

営業：逆に、社長様に何かあって担当できないような事態になったら、店舗展開どころではなくなりますね。やはり社長様の片腕になる人材を確保していくことも大きな経営のテーマなのですね。

営業：あらゆる場面に備えた早めの対策と、リスクヘッジも検討されてはいかがですか？

6. システム・ソフト開発業

(1) システム・ソフト開発業の経営者の関心事

システム・ソフト開発業には、会計や給与等のパッケージソフト、スマートフォンなどにゲーム等のアプリケーションソフトを提供するなど、独自のコンテンツ開発をしている会社もあれば、工程管理や品質管理など、業務用ソフトの開発をしている会社もあります。また、中小企業では大手の下請けをしている場合が多いですが、直接エンドユーザーから受託して開発をしている会社もあります。

いずれの場合も、技術的な強みを持っているかが最も重要なポイントになってきます。

そのためには、独自開発できるスキルを持っている優秀な技術者を何人抱えているかで、企業としての規模や成長性が見えてきます。技術者にはシステムエンジニア（以下、ＳＥ）とプログラマー（以下、ＰＧ）がいますが、ＳＥのなかでも優秀な人材がプロジェクトマネージャー（以下、ＰＭ）として、開発全体を取り仕切っているのが一般的で、優秀なＰＭを多く抱えていれば、数多くの案件を受託できます。

中小のシステム・ソフト開発会社の場合、経営者がＰＭ経験者で、全体を管理していることが多いようです。したがって、経営者の関心事は、優秀なＰＭ・ＳＥ・ＰＧをいかに確保できるかです。この業界は人材の流動性が高く、条件次第で他社へ移ったり独立するケースがあります。優秀な人材の囲い込みや、離職率を下げることも関心事となります。

同時に案件があってこその経営ですから、受託開発をしている会社であれば、開発案件の受託をどのように増やすか、人的な関係と営業力も重要なカギとなります。

(2) システム・ソフト開発業の商流ステップ

①案件営業・企画立案

・受託開発であれば、工数単価の高い案件を獲得できるか。経営者や幹部のキャリアを含めたネットワークが生命線となる。それには経験の豊かな技術者を抱えていることがセールスポイントとなる。

・自主開発であれば、どうやってヒット作品を生み出すか。経営者を中心とした企画力がカギになる。アイデアを生み出せる人材の発掘も重要なテーマとなる。

②開発設備・人材の確保

・システム・ソフト開発は大きな設備は必要ないため、開発用のCPUやサーバ・ソフト等が主な必要設備とされる。

・システム・ソフト開発では技術者の確保がすべて。特にPMの確保が事業規模拡大の条件にもなってくる。

③基本設計・詳細設計・開発業務

・案件に対するプランニングの段階で、PM・SEを交えた協議で見積りを提出し契約成立に向けて展開する。彼らの力の差で開発作業工数に大きな違いが出てくる。

・基本設計をベースに、各機能別の詳細設計をSEが担当して、これを基にPGも含めて開発業務を展開する。この段階は「力仕事」とも呼ばれている。PMには全体の進捗管理や納期をにらんだマネジメント力が要求される。

④テスト・納品

・機能ごとの部分テストから機能を組み合わせた結合テストを繰り返し、最終的な検収を受けて納品となる。

・納品後のバグ修正や不具合、変更要件に対する対応など、納品後も1年程度の瑕疵担保責任が開発側にあるため、納品は相当の時間を要する。見積もりの段階で相応の対応費用も含めないと、結果的に採算が合わなくなってしまう。

⑤運用管理・内部統制

・納品後の運用管理業務を受託することが継続案件になり、関係維持の重要な業務になるため、運用保守を獲得することは経営上も大事な要件となる。

・システム・ソフト開発業は情報産業のため、情報漏えいなどを起こさないような内部管理体制の構築が絶対必要とされる。技術者をはじめ全社員に対するコンプライアンス教育の徹底や、管理システムの完備などが必要になる。

・多くの案件を消化して「開発実績」を積み上げていくことが信用力の裏付けになり、建設業界と同様「どんな案件を、どのくらい経験してきたか」が重要。技術者の信用力とともに企業としての実績こそが信用のバロメータになる。

(3) 経営者の心に刺さる「重要キーワード」

●重要キーワードの1つ目は「**技術者**」

システム・ソフト開発業界は、何といっても「人に尽きる」。大きな設備投資をする業態ではなく、すべて人の力に頼る仕事であるため、優秀な人材がいかに案件を仕上げていくかにあります。人とは前述しましたが「技術者」、なかでも特に「プロマネ」と言われるプロジェクトマネジャー（PM）を何人抱えられるかが、企業の評価や成長や規模拡大に絶対条件になってきます。

PM個人としての技術的な知識・スキルも必要ですが、多くの技術者や協力会社をまとめきれるマネジメント力も要求されます。同時に優秀なSEやPGも必要になってきます。逆に、会社の核になるPMやSE・PGに何かあった場合、案件を受託すること自体が困難になってきます。

したがって、優秀な技術者の「確保と定着」がカギになるのです。

●重要キーワードの2つ目は「コンテンツ」

システム・ソフト開発業では、いかに技術的な特徴と強みを持っているか、それは技術的にどのくらい高度で難しい要件を消化してきた実績があるかになります。そしてそれが「信用力」の源泉となります。また、パッケージソフトや独自アプリ開発などを手掛けている会社は、いかに独自のコンテンツを確立させてヒット作品につなげていけるかがポイントです。

そのためには、経営者を中心とした、技術者などの豊かな発想力や企画力が要求されてきます。逆に、開発されたシステムに不具合があった場合などは、最悪賠償の問題も内在していますから、品質を含めた安定性も同時に要求されてくると言えます。

したがって、コンテンツ開発には優秀な人材による「発想力と企画力と安定性」がカギになってきます。

●重要キーワードの３つ目は「経営者」

システム・ソフト開発業は、設備投資が必要ないため比較的起業しやすい業界でもあります。最近のＩＴ企業の経営者は若い世代が多いのが特徴です。自身の技術的キャリアや職歴をベースに起業することが多く、反面技術的なことや取引先との関係についても、経営者に依存している場合が多いのが実態です。

仮に経営者に何かあると、事業が立ち行かなくなったり、事業承継も難しい場合があります。会社として事業を継続していくためには、経営者の片腕や代わりになる人材を確保・育成していくことが重要になります。

したがって、「経営者」が経営自体のカギになってきます。

(4) 重要キーワードからの話題展開

☞ システム・ソフト開発業「**技術者**」話題展開例

第1ステップ→重要キーワードで共感を得る

営業：社長、一つ教えていただきたいのですが、IT業界は一にも二にも人や技術者次第だとお聞きしたのですが、やはりそういうものですか？

第2ステップ→重要人物・重要商流要素あぶり出し

営業：やはりそうですか。技術者といっても、付加価値の高い仕事を多く受けていくためには、優秀なプロジェクトマネジャー（PM）とシステムエンジニア（SE）をいかに確保できるかが勝負だとお聞きしましたが、そうなのですか？

営業：優秀な技術者の採用は年々難しくなっているともお聞きしたのですが、中国やインドなどの外国人技術者の活用なども重要なテーマになっているようですね。そのようなリクルートは社長様が対応されているのですか。それとも、どなたか強力なネットワークとかお持ちなのですか。

営業：優秀な技術者を確保していくためには、他に環境面などでは何がカギになってきますか？

第3ステップ→改善とリスクマネジメントへの展開

営業：優秀な人材の採用や育成に力を入れていくことが、最大の経営テーマになってくると思いますが、同時に、優良なパートナー企業や協力会社・外部技術者のネットワーク構築も成長の条件ですね。また、技術者を定着させる職場環境づくりも重要なテーマになってきますね。

営業：社長様や重要なプロジェクトマネジャーなどの重要な技術者が担当できない事態になったら、新しい案件の受託どころか、現状の案件消化にも支障が出てくることも想定されますか。そうなったら納期や品質にも影響するでしょうし、場合によって賠償問題にも発展することもあり得ますね。そうなったら大変ですね。

営業：あらゆる場面に備えた早めの対策と、リスクヘッジも検討されてはいかがですか？

☞ システム・ソフト開発業「コンテンツ」話題展開例

第1ステップ→重要キーワードで共感を得る
営業：社長、一つ教えていただきたいのですが、IT業界で生き残る条件は、独自の技術やコンテンツを持っているからだとお聞きしたのですが、やはりそういうものですか。
営業：御社が特に力を入れている分野や得意な領域は、どのようなものですか？
第2ステップ→重要人物・重要商流要素あぶり出し
営業：独自の技術やコンテンツなど特徴的な強みを持つにも、優秀な技術者が必要になってくると思われますが、開発関係の主導は社長様が担っているのですか。
営業：優秀な技術者の採用は年々難しくなっているとお聞きしますが、中国やインドなどの外国人技術者の活用なども、重要なテーマになっているようですね。そのような採用活動は、社長様で対応されているのですか。それとも、どなたか強力なネットワークとかお持ちなのですか。また、安定したクライアントの確保が安定収入の条件にもなるのでしょうね。

営業：コンテンツ開発やクライアント獲得では、他に営業面や環境面などでは、どのようなことがカギになってきますか？

第３ステップ→改善とリスクマネジメントへの展開

営業：優秀な人材の採用や育成に特に力を入れていくことが、最大の経営テーマになってくると思いますが、同時に、優良なパートナー企業や協力会社・外部技術者のネットワーク構築も会社成長の条件ですね。また、技術者を定着させる職場環境づくりも重要なテーマになりますか。

営業：逆に、社長様や重要なプロジェクトマネジャー（ＰＭ）などの技術者が担当できない事態になったら、コンテンツ開発どころではなくなる事態も想定されますし、経営的に与える打撃も多大になってくるでしょうね。そうなったら大変ですね。

営業：あらゆる場面に備えた早めの対策と、リスクヘッジも検討されてはいかがですか？

システム・ソフト開発業「経営者」話題展開例

第1ステップ→重要キーワードで共感を得る

営業：社長、一つ教えていただきたいのですが、IT業界は、そもそも起業した経営者次第で成否が決まるとお聞きしたのですが、やはりそういうものでしょうね。社長様はどのようなご経験と経緯で、現在の会社を立ち上げられたのですか？

第2ステップ→重要人物・重要商流要素あぶり出し

営業：ITの経営では、絶対的に独自性や先見性が、生き残りの条件になると言われますが、同時に技術者としてだけでなく、会社経営としてのノウハウも要求されますから、本当に大変で難しいと聞きましたが、いろいろご苦労があおりなのでしょうね。

営業：社長様以外の優秀な人材の確保も大きなテーマだと思われますが、優秀な技術者の採用は年々難しくなっているとも聞きます、外国人技術者の活用なども重要でしょうね。そのようなリクルートは社長様が対応されているのですか。それとも、どなたか強力なネットワークとかお持ちなのですか？

第3ステップ→改善とリスクマネジメントへの展開

営業：優秀な人材の採用や育成に力を入れていくことが、最大の経営テーマになってくると思いますが、同時に優良なパートナー企業や協力会社・外部技術者のネットワーク構築も会社成長の条件ですね。また、技術者を定着させる職場環境づくりも重要なテーマですね。

営業：逆に、社長様に何かあって担当できないような事態になったら、経営自体に与える影響は甚大ですね。やはり社長様の片腕になる人材を確保していくことも、大きな経営のテーマになってくるんでしょうね。

営業：あらゆる場面に備えた早めの対策と、リスクヘッジも検討されてはいかがですか？

7. 医療業（病院・診療所）

(1) 医療業（病院・診療所）の経営者の関心事

医療業といっても、大きな病院や町の診療所など千差万別で、診療科目も外科・内科・

小児科・耳鼻科などまちまちです。あらゆる科目を取り扱っている総合病院もあれば、歯科など単独の医療科目で経営をしているクリニックなどもあります。そもそも、病院と診療所は入院設備のベッド数で分けられ、20床以上が病院、20床以下が診療所とされています。

どのような形態であっても、医療業界における経営上の関心事は「医療行政と人にあり」と言ってよいでしょう。

「医療行政」とは、2年に1回改定される診療報酬と薬価のことです。この改定は病院や診療所の医業収入を左右しますから、最大の関心事です。最近では介護分野の拡大に伴い、同様に改定される介護報酬も関心事となっています。環境的には、高齢化の進展から医療費の規模は拡大し、社会保険制度全体の構造に難しい問題が山積しています。その意味で医療業界の経営も厳しさを増してくると思われます。

「人」については、医師や看護師・介護士など医療業界に従事する人材不足が深刻化していることです。歯科クリニックのように供給が過剰になり、過当競争から患者の確保が厳しい分野もありますが、病院については、医師と看護師・介護士などが不足して困っているケースが多いようです。

したがって、医療業における経営者の関心事は、いかにして医師や看護師・介護士を確保するかです。また経営上お客様である患者を増やす、特に医療点数の高い診療科目を増やし、入院よりも外来患者を増やして回転させることで経営の拡大を図っていく、また診療だけではなく健康診断や人間ドックなど付加価値を増やしていくこともテーマにもなります。

(2) 医療業（病院・診療所）の商流ステップ

①開設使用許可申請・届出・設備投資

・病院や診療所を開院する場合、所管の保健所に開設許可申請・使用許可申請・開設届を提出する。そして施設や医療器具等の設備投資を行って環境整備する。この時点が最も資金調達が必要な時期である。

・病院・診療所の継続経営においても、医療器具や施設に伴う設備投資に資金が必要となるため、資金的な準備や調達先の確保が経営上大きな課題になる。

②医療スタッフ・事務スタッフの確保

・医師や看護師・レントゲン技師などの医療スタッフと医療事務や受付等の事務スタッフの確保が、人手不足の関係で大きな課題になる。いかに優秀な人材を採用できるか。

・同時に定着率を上げることも重要なテーマ。定着率の向上や採用の活性化には、福利厚生面でどのような対応をすべきかなどについて関心が高い。

③**診療業務**

・一般的に医業収入は入院よりも外来の方が医療点数も高く効率的。また、医療点数の高い診療科目を多く取り入れれば、採算性はさらに向上する。外来患者の受入体制強化のためにCSの推進や、自由診療項目・健康診断・人間ドックの導入など、病院・診療所経営の改善・向上については経営者の関心が高い。

・順調に病院・診療所経営を行うと重い税負担で悩む。そこで、医薬分業を目的にメディカルサービス法人（MS法人）を設立し、税金対策などの検討や生産性向上に向けた電子カルテや高額医療機器の導入などを検討する。

④**医療事務・受入体制**

・社会保険（社保）や国民健康保険（国保）の診療点数計算作業に従事する人も必要で、人事や福利厚生面などの充実や完備などにも様々な課題を抱えている。

・医療業は人的なサービスを介した仕事のため、いかに患者さんに受け入れられる診療が提供できるか、受入体制の強化も大きな経営者の関心事。

⑤**内部統制・事業承継**

・医療事故やトラブルが発生すると、風評から患者離れを引き起こし、病院・診療所の経営自体も難しくなることもあるので、医療スタッフ・事務スタッフを含めたコンプライアンス教育やミスのない医療行為の推進が重要になる。

・医療業界の最大の課題が「後継者の問題」である。後継者となる親族が存在していない場合に病院・診療所を誰に引き継がせるかが病院存続の最大のテーマになる。

(3) 経営者の心に刺さる「重要キーワード」

●重要キーワードの1つ目は「行政」

前述したように、2年に1回診療報酬・介護報酬改定と薬価改定が行われます。この改定により医業収入が大きく変わってくるので、規模の大きい病院では、体制自体を見直す必要に迫られることがあります。以前の改定で入院診療の点数が大きく減額されたときに、入院設備を多く抱える病院では、ベッド数を減らさざるを得ない状況に追い込まれたこともありました。

したがって、行政の意図により経営が大きく左右される業界でもあり、柔軟な体制構築も大事なリスクマネジメントであると言えます。医療業は政治と綿密な関係があり、「行政にうまく対応する医療経営」がカギになってきます。

●重要キーワードの2つ目は「CS」

前述しましたが、医療業界はサービス産業です。お客様である患者さんに、いかに不安なく心穏やかに受診いただいて、「何かあったらあの病院・診療所へ」と認識される病院・診療所を目指さなければなりません。

そこで、受付から医師・看護師・技師などすべてのスタッフのCS強化が絶対条件となってきます。そのためには、優秀なスタッフの確保と定着率の向上が課題になるとともに、これらを可能にする福利厚生面の充実などが経営者としての関心事になります。

したがって、経営の安定には「優秀な人の採用と定着」がカギになります。

●重要キーワードの3つ目は「設備」

医療業界は装置産業とも言われるほど、大きな建物や医療機械や器具が必要な業界です。「良い設備で良い先生に診てもらう」という、患者にとって安心と期待を持って来院できる医療機関こそが望ましい姿とも言えます。

そのため、建物や各種医療機器のメンテナンスや更新にも、常に関心と資金繰りを検討せざるを得ません。設備に伴い医療事故やトラブルが発生すると、経営自体が危ぶまれることになるからです。同時に、製造業以上に大きな賠償や補償のリスクも存在しています。

したがって、安定的な経営を維持するためには「人以上に設備にも気を遣う」ことがカギになります。

(4) 重要キーワードからの話題展開

医療業（病院・診療所）「行政」話題展開例

第1ステップ→重要キーワードで共感を得る

営業：先生、一つ教えていただきたいのですが、医療の世界では、特に診療報酬改定や薬価基準などの行政次第で、経営に大きな影響をもたらすとお聞きしたのですが、やはりそういうものですか?

第2ステップ→重要人物・重要商流要素あぶり出し

営業：やはりそうですか。診療報酬改定などは、業界団体と政治の世界に委ねられますから、どのような変更があっても対応できる先見性と柔軟性が必要になってくるとお聞きしますが、先生（理事長・事務長）のところでは、介護分野の強化など、何か計画がおありですか。

営業：どんな対策をするにしても、病院としての強みを維持しつつ、改定に対応できる体制づくりや、新規プロジェクトの構築なども併せて考える必要がありますから大変ですよね。先生がいろいろご指導されているのですか、どなたか任せられる人でもいるのですか。

営業：他に行政面から受ける影響として、病院経営上ではどんなことがありますか？

第3ステップ→改善とリスクマネジメントへの展開

営業：先生（理事長・事務長）だけに頼る体制から、片腕になってくれる後継者や人材の育成が、安定した病院経営には絶対条件となってきますか。同時に高度医療や地域医療ネットワークの構築なども成長の条件になってくるのですか。

営業：先生に何かあって医療業務ができない事態になったら、病院経営自体も厳しくなりますから大変ですね。

営業：あらゆる場面に備えた、早めの対策とリスクヘッジも検討されてはいかがですか？

☞医療業（病院・診療所）「CS」話題展開例

第1ステップ→重要キーワードで共感を得る

営業：先生、一つ教えていただきたいのですが、医療はサービス業でもあるので、お客様でもある患者さんにいかに安心して気持ちよく受診いただき、外来患者数を増やしていくことが病院（診療所）経営では大事で、医療でもCSはとても重要になってくるとお聞きしたのですが、やはりそういうものですか？

第2ステップ→重要人物・重要商流要素あぶり出し

営業：やはりそうですか。医師だけに限らず、看護師や技師・受付とすべてのスタッフがCSを意識して対応する体制づくりが課題になってくるとお聞きしますが、先生（理事長・事務長）のところでは、どのようなことに力を入れているのですか。

営業：患者数が多ければ多いほど診療に忙殺されて、CSにまで頭が回らないのが実情だとお聞きしたのですが、先生がいろいろご指導されたりしているのですか、他にどなたか任せられるスタッフでもいるのですか。

営業：外来患者数をさらに増やすためには、環境面などでは、どのようなことがカギになってくるのですか？

第3ステップ→改善とリスクマネジメントへの展開

営業：先生（理事長・事務長）だけに頼る体制から、片腕になってくれる後継者や人材の育成が、安定した病院経営には絶対条件となってくるのですか。同時に患者さんの受入体制強化を目的とした設備等の環境整備も重要になってきますね。

営業：先生や重要スタッフが担当できない事態になったら、診療業務にも支障が出るでしょうし、患者離れを起こしたりする事態も想定されますか。そうすると、病院経営的に与える打撃も多大になってきますから、大変ですね。

営業：あらゆる場面に備えた早めの対策と、リスクヘッジも検討されてはいかがですか？

☞医療業（病院・診療所）「設備」話題展開例

第1ステップ→重要キーワードで共感を得る

営業：先生、一つ教えていただきたいのですが、医療の世界は、労働集約産業でもあり装置産業でもあるとお聞きしたのですが、やはりそういうものですか？

第2ステップ→重要人物・重要商流要素あぶり出し

営業：やはりそうですか。腕の良い先生がいるだけでは最近の医療業界はダメだと、相応の最新鋭の設備の導入も絶対条件だとお聞きしますが、先生（理事長・事務長）のところでは、設備面で何か計画でもされていることはあるのですか。

営業：当然、最新の設備を導入すれば患者数が増えるというものではないでしょう。先生をはじめ優秀なスタッフの皆さんの力があってこそ、立派な設備も活きてくるのですから、やはり人こそが重要と考えてよいですか。

営業：病院経営を安定させるためには。先生の他に環境面などでは、どのようなことがカギになってくるのですか？

第3ステップ→改善とリスクマネジメントへの展開

営業：先生、設備の充実とともに、先生の片腕になってくれる後継者や人材の育成が、安定した病院経営には絶対条件となりますか。同時に自分たちだけで設備を賄うのではなく、地域医療ネットワークの構築なども成長の条件になってくるのですか。

営業：逆に、どんなに良い先生やスタッフがいても、設備面で不具合やトラブルがあったら医療事故にも発展することもありますから、メンテナンスや管理体制をしっかり整えることも経営上重要なテーマになりますね。何かあったら病院経営自体にも影響を与えますね。

営業：あらゆる場面に備えた早めの対策と、リスクヘッジも検討されてはいかがですか？

8. 不動産賃貸業

(1) 不動産賃貸業の経営者の関心事

不動産賃貸業には、多数の賃貸ビルや賃貸マンション、賃貸アパートを所有して「専業」としている経営者と、農業と「兼業」で賃貸ビルやアパート経営をしている人もいれば、サラリーマンでありながら地主で「副業的」にアパート経営をしている人もいます。いずれも、最大の関心事は「空室率と賃料と物件維持」です。

物件の稼働状況は賃貸業経営の最大の関心事です。賃貸ビルやアパートなどの物件取得が自己資金であれば、ある程度の空室にも耐えられますが、一般的に銀行からの借入れで調達することが多いですから、空室率が上がると、返済に多大の影響を及ぼしかねません。そのため、いかに空室を減らすかが重要な経営課題となります。

一方で賃料相場も関心事の一つです。賃料設定は、建設前に設計した収支計画表を作成する段階で、物件の資金調達に伴う返済計画や近隣の賃料相場を勘案して、さらに物件の想定稼働率を設定したうえで決めています。したがって、賃料相場が変化して設定賃料を下回る事態になれば、賃貸経営自体が成り立たなくなる恐れも出てきます。

物件の隣接する敷地に、競合物件や賃料相場を引き下げるような施設が出現した場合には、大きな打撃を受けることがあります。特定企業に多く賃貸している場合などは、企業の業績次第で空室が多く発生することもあるため、経営者は様々な情報に敏感になっています。

また、所有資産をいかに後世につなげていくかに苦心している経営者もいます。ここでの問題は「税金」です。多くの場合「土地」を中心とした多額の資産を抱えているのが一般的なため、相続が発生した場合に多額の相続税の問題が発生し、最悪の場合、所有物件を処分して資金を調達せざるを得ないことがあります。

その意味で税金対策も不動産賃貸業経営者には頭の痛い問題で、関心事の一つです。

(2) 不動産賃貸業の商流ステップ

①物件の取得

・土地を所有している場合は、有効活用として賃貸ビルやアパート・マンションを建設する。物件のプランニングは建設業者や銀行等からの提案で、資金調達も含めて着手しているケースが多い。土地や建物建設に詳しくネットワークのある経営者がいる場合、設計事務所や建設会社の選定、銀行からの資金調達などプランニングのすべてに関わって判断している事業者もいる。

・土地から取得して展開する不動産賃貸業の場合、様々なチャネルから情報を得て収益物件として魅力的な案件を探していることが一般的。特に「オーナーチェンジ物件」など、すぐ収益を得られる物件にこだわる経営者も多い。

②テナント入居者募集・業者の選定

・テナントや入居者の募集は専門業者に委託することが多い。業者の選定を間違えると、空室率に大きな影響を与える。同時に建物設備のメンテナンスも、建設会社の関係等の管理専門業者に任せるケースが多い。当然、専門スタッフがいれば外部委託の必要はないが、専門的な知識も必要になる。したがって、清掃等の簡単な業務以外は外部委託するのが一般的なため、いかに良い業者を選定するかは大きな関心事である。

③入退去管理業務・賃料集金業務

・入居契約や退去手続きは、オーナーが行うケースと業者に委託しているケースがある。入居の際の審査や契約条項の確認などは専門的な視点が必要で、特に退去時の原状復帰や家賃滞納時の退去要求などは、専門業者に委託する方が得策である。ただし、優良な業者を選別できることが求められる。

・賃料の集金業務は、小さな物件などではオーナーが行っているが、延滞発生時などは法的な手続きを取る必要があるため、業者に委託する方が助かる。「サブリース」など一括で委託して、一定の家賃をオーナーに保証する仕組みも一般的。大手の業者が販促手段として活用しており、最近ではサラリーマンに投資物件としてのマンション販売で多く活用されている。これも業者次第で大きく変わってくる。

④納税対策・物件の継承

・物件が順調に稼働し利益が出るようになると、所得税が高額になりキャッシュフローを圧迫する。そこで新規物件を取得したり、不動産管理会社を設立するなどの対策を検討する。同時に、利益の繰り延べや退職金準備に向けた対策を採る。

・不動産賃貸業における最大の問題は「いかに物件を継続し資産を守るか」という相続・事業承継である。不動産は高額で土地の評価は相続税の中心的な存在である。どのように評価を下げるか、同時に納税資金をどう準備するかが大きな課題となる。

(3) 経営者の心に刺さる「重要キーワード」

●重要キーワードの1つ目は「稼働率」

不動産賃貸業の生命線は、空室率を減らしていかに稼働率を上げるかに尽きます。稼働率を上げる最大のポイントは、賃貸物件としての付加価値を上げて、より多くの入居者やテナントの関心を呼ぶことです。そのためには、物件の情報をいかに多くの入居ニーズの所有者に知らしめ、物件に対する問い合わせを増やしていけるかです。

最近はインターネットなどを活用した広告など、幅広いチャネルがあるため、それを手助けしてくれる優良な仲介業者との関係がポイントになります。入居率の良し悪しは募集業者で大きく変わってくるため、同時に物件に対する情報分析や情報提供をしてくれる業者を選択することがポイントになってきます。

したがって、物件の稼働率を左右するポイントは「物件の魅力と優良な仲介業者との出会い」が重要なカギになります。

●重要キーワードの２つ目は「業者」

稼働率を上げるポイントは「業者」の良し悪しだと説明しました。一般的に賃貸物件の空室率やテナントとのトラブル処理に苦労している賃貸業者は、その原因の多くが仲介業者や管理業者の機能や、業者の能力や取組姿勢に問題があるケースです。

業者を変更したとたん空室が埋まったり、問題が解決したりすることがよくあります。それ程業者の力は大きいとも言えます。

したがって、「業者を選別する目利き力」が重要なカギになってきます。

●重要キーワードの３つ目は「税金」

不動産賃貸業の悩みは、稼働率を上げること以上に「物件を守る」つまり物件を継承できるかにあります。その阻害要因は「税金」です。税金は、フローに関わる賃料収入の「所得税」があります。次にフローとストックに関わる「固定資産税」、ストックの継承に関わる「相続税」があります。

特に相続税は、物件を守る意味でも最も大きな問題です。いかに物件の価値を落とさずに次の世代に引き継いでいくか、その課題と対策をどうするかについて、経営者は悩み苦しんでいます。

したがって、安定的な賃貸収入を得ること以上に「資産をつなげる」ことが重要なカギになってきます。

(4) 重要キーワードからの話題展開

☞ 不動産賃貸業「稼働率」話題展開例

第1ステップ→重要キーワードで共感を得る

営業：社長、一つ教えていただきたいのですが、不動産物件は稼働率が良くなければ意味がないとお聞きしたのですが、現状空室などございますか?

第2ステップ→重要人物・重要商流要素のあぶり出し

営業：物件としての付加価値を上げることはもちろん重要ですが、募集業者の集客力によっても大きな差が出てくるとも言われますから、業者の選別も重要でしょうね。

営業：物件の稼働率を上げるには、どんな付加価値で魅力をアピールするか、またテナントの集客を向上させる営業力の強化が求められていますが、社長様や社内で企画されているんですか、それとも誰か頼りになる業者さんに任せているのですか。

営業：他に物件の稼働率を上げるポイントとして、どんな対策が考えられますか？

第３ステップ→改善とリスクマネジメントへの展開

営業：物件の付加価値を向上させ、空室率ゼロが実現できる集客力を期待できる環境構築のためには、常に物件に対する問題意識や情報収集が求められると思います。そのための人材育成や業者選別による仕組みづくりが、今後の成長の条件になってくるのですか。

営業：逆に、社長様が管理できない事態が発生したら、業者との関係もそうですし、稼働率自体に問題が発生することも想定されますね。そうなったら大変ですね。

営業：あらゆる場面に備えた早めの対策と、リスクヘッジも検討されてはいかがですか？

☞不動産賃貸業「業者」話題展開例

第1ステップ→重要キーワードで共感を得る

営業：不動産の付加価値を維持するにも、空室率を限りなくゼロにするにも、お付き合いをする業者次第で大きく変わってくるとお聞きしたのですが、現在の業者さんにご不満はありませんか？

第2ステップ→重要人物・重要商流要素あぶり出し

営業：物件の付加価値を落とさないよう日頃のメンテナンスをしてくれる業者、入居者からの苦情や不満に素早く対応してくれる業者、常に情報が豊富で集客や新しい物件情報などを提供してくれる業者が、重要な選別の決め手になりますか。

営業：良い業者とお付き合いできるか、選別できるだけの情報収集がカギになってくると思われますが、社長様は業者との接点を持っているのですか、それともどなたか頼りになる担当者に任せているのですか。

営業：業者との関係以外で、入居率を向上させることについては、物件そのものを含めて、どのようなことがカギになりますか？

第3ステップ→改善とリスクマネジメントへの展開

営業：物件の付加価値を向上させ、空室率ゼロが実現できる集客力強化のためには、常に物件への問題意識や情報収集が求められると思います。そのための人材育成や業者選別による仕組みづくりが、今後の成長の条件になってくるのですか？

営業：逆に、社長様が管理できない事態が発生したら、業者との関係だけでなく稼働率自体に問題が発生することも想定されますね。そうなったら大変ですね。

営業：あらゆる場面に備えた早めの対策と、リスクヘッジも検討されてはいかがですか？

☞不動産賃貸業「税金」話題展開例

第1ステップ→重要キーワードで共感を得る

営業：社長、一つ教えていただきたいのですが、不動産業界につきものの悩みの一つに税金がありますね。特に税金面でご苦労されていることは、何かありますか？

第2ステップ→重要人物・重要商流要素あぶり出し

営業：固定資産税や所得税などフローで課せられる税金と贈与税や相続税などストックで発生する税金があります。やはり問題になるのは、いかに日頃の所得税の負担を軽くして、いかに物件を毀損なく後継者につないでいく税金対策が重要になってくるのですか。税金対策として、特にどのような対策がカギになりますか。

営業：税金の問題については、専門的な知識も必要ですから、税理士の先生とのお付き合いもあると思いますが、セカンドオピニオン的な存在も必要だとよくお聞きします。他に相談相手としてどのような方がいるのですか。

営業：他に税金対策として、どのようなことがカギになりますか？

第3ステップ→改善とリスクマネジメントへの展開

営業：所得税対策としては、管理会社を設立による所得分散や保険の活用など、相続税対策としては収益物件の取得なども必要かと考えます。やはり、具体的なことが相談できる相手を常に確保しておくことが重要ではありませんか。

営業：急に相続の問題が発生した場合などは、資金的な問題も含めて経営上重要なテーマになりますね。何かあってからでは遅いですからね。

営業：あらゆる場面に備えた早めの対策と、リスクヘッジも検討されてはいかがですか？

おわりに

これまで、経営者目線のリスクの捉え方や、商流において見えてくる重要な要素や人物について説明しました。また、リスクが発生した場合の影響の大きさについても説明しました。

経営者は、感覚的にことの重要性と恐怖感は持っています。ただし、心配していては何もできないし、思い切った経営判断や行動もできなくなることをも感じて、「見て見ないふり」ではありませんが、思考の外側に持っていこうとするのです。

しかし経営している以上、それに常に対処する備えも大事であることは理解しています。だからこそ、疎まれたり嫌われ役としての参謀が必要なのです。

リスクマネジメントのプロである保険会社の目線は、経営者にとって必要な参謀的な目線でもあると、再度強調しておきます。

そして、これまで説明してきたような、商流を中心とした各段階での重要な要素や人物が具体的になってくれば、自ずとリスクヘッジの芽は顕在化できるのが金融のプロです。そのためには、やはり、真面目に向き合って、具体的に教えていただくことを繰り返すことが大事になります。

企業経営をしていて、リスクに万全の対策をしている会社など絶対あり得ないと断言できます。実態把握さえできれば、保険の案件が出てこないはずがないと心すべきです。そのためにはリスクマネジメントはお金の問題だけではなく、商流における業務遂行継続の問題で、特に取引先との信頼関係への影響につながることが、優先される関心事であるということを、くれぐれも心しておく必要があります。

経営者の関心事は、経営を続けていくうえで重要な要素であり、仮に何かあった場合には、相当のダメージを覚悟せざるを得ないことが多いものです。前向きに経営者が望んでいることにこそ、その裏側に大きなリスクも存在していると考えるべきです。したがって、経営者の関心事は、リスクマネジメントに直結することと言えるのです。

保険の仕事は、ことが起きてから、初めてありがたさを理解してくれると言われます。確かにその通りですが、リスクヘッジの大切さを、粘り強く堂々と納得させてこそプロの営業です。「やっぱり、あなたに会えてよかった！」と言っていただける、お客様とのたくさんの出会いを期待したいと思います。

ぜひ、経営者の良き相談相手になって、危ない経営を続けている経営者を救っていただきたいと、現経営者の立場としても訴えさせていただきます。

◆著者略歴◆

株式会社リフレ代表取締役

細　矢　　進

（財）日本生産性本部認定経営コンサルタント

東京都台東区台東 1-9-2　KT ビル 3 階

TEL：03-5817-7247　FAX：03-5817-7248

株式会社富士銀行（現みずほ銀行）に 20 年間勤務し、首都圏主要店舗にて取引先の融資案件採り上げ、審査業務、新規取引開拓業務等を歴任。
同行退職後、株式会社リフレを設立し代表取締役に就任。中堅・中小企業の財務・経営コンサルティングを行うとともに国内大手・グローバル企業の「実践に役立つ財務研修」「法人マーケット開拓研修」「ライフプランセミナー」、経営者向け「経営セミナー」等の現場経験に基づいた研修プログラムの講師を行う。

すべての保険営業パーソンに捧ぐ！
リスク管理の視点で進める法人開拓

平成 30 年 4 月 24 日　初版発行

著　者――――――細矢　進
発行者――――――楠 真一郎
発　行――――――株式会社近代セールス社
〒164-8640　東京都中野区中央 1-13-9
電　話　03-3366-5701　ＦＡＸ　03-3366-2706

印刷・製本―――株式会社木元省美堂

ISBN978-4-7650-2106-7